A. Otto Franke

Die Sarvasammata-Ciksha

A. Otto Franke

Die Sarvasammata-Ciksha

ISBN/EAN: 9783744622301

Hergestellt in Europa, USA, Kanada, Australien, Japan

Cover: Foto ©ninafisch / pixelio.de

Weitere Bücher finden Sie auf **www.hansebooks.com**

Die

ma

ommen

übersetzt

al-Disser

zur

losophisc

an der

Universität

von

Lsterichschen Univ.-Buchdruckerei.
1886.

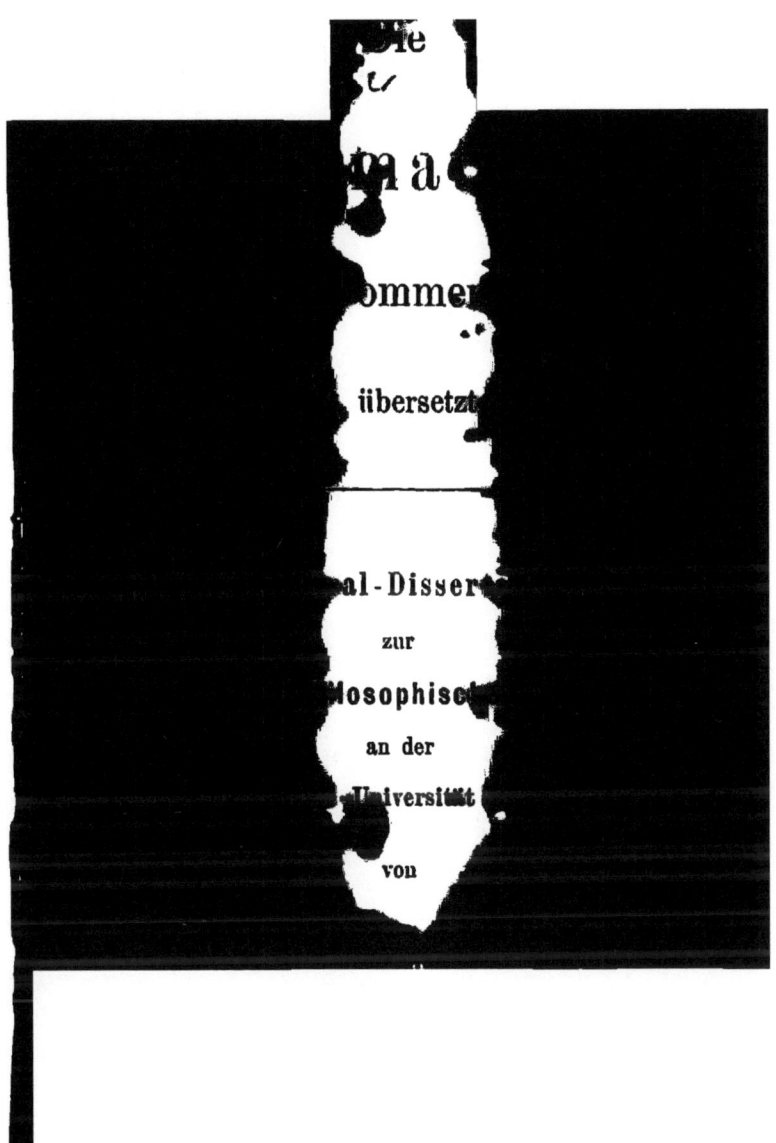

Seinem hochverehrten Lehrer,

Herrn

Professor Dr. F. Kielhorn

in Dankbarkeit

der Verfasser.

Einleitung.

Seitdem A. Weber die Pâṇinîya-Çikshâ im 4. Bande seiner „Indischen Studien“ herausgegeben hat, sind fast dreissig Jahre verflossen, und von jener Zeit ab ist nicht viel, aber doch manches geschehen, was eine genauere Kenntniss dieses Vedâṅga überhaupt ermöglicht hat. Die Vermutung, die Weber in der Einleitung zu der genannten Çikshâ, a. a. O. pag. 346 aussprach, dass „dieses im ganzen ziemlich unbedeutende Werkchen schliesslich die Ehre gehabt habe, als Repräsentant der ganzen Klasse prägnant mit dem Namen Çikshâ bezeichnet und als das wahrhaftige dergl. Vedâṅgam angesehen zu werden“, hat sich glücklicherweise nicht bestätigt, es ist uns im Gegenteil die Aussicht auf eine ziemlich reichhaltige Literatur auf diesem Gebiete eröffnet worden. Schon Roth in seiner Abhandlung „Zur Literatur und Geschichte des Weda“ *) pag. 55 hatte von einer Mâṇḍûkî-Çikshâ gesprochen und Max Müller, History of ancient Sanskrit Literature **) pag. 146 erwähnt dieselbe ebenfalls und fügt hinzu, dass sie wahrscheinlich ein Werk späterer Zeit sei. Weber selbst veröffentlichte dann als Nachtrag zu dem von ihm im Jahre 1871 herausgegebenen Pratijñâsûtra ***) einen genaueren Auszug aus derselben. Ebenso teilte er in derselben Schrift ein längeres Citat des Râmaçarman, Commentators des Vâjasaneyi-Prâtiçâhkya, aus einer Yâjñavalkya-Çikshâ mit und erwähnte endlich auch die Auffindung von noch fünf anderen Çikshâ's,

*) Stuttgart 1846. An demselben Orte stellt Roth auch bereits die völlig untergeordnete Bedeutung der Pâṇinîya-Ç. fest.

**) London and Edinburgh 1859.

***) In den „Abhandlungen der Königl. Akademie der Wissenschaften zu Berlin aus dem Jahre 1871“.

darunter die Nâradî-Çikshâ. Genauere Nachrichten über die Çikshâ im allgemeinen brachte dann M. Haug in seiner Abhandlung „Ueber das Wesen und den Wert des wedischen Accents“ *), worin er auch die Mâṇḍûkî- und Naradî-Çikshâ ausführlicher besprach. Jedoch wurde von ihm das Alter sowohl, wie die Bedeutung der Çikshâ's hierbei weit überschätzt, indem er einmal dieselben für älter erklärte als die Prâtiçâkhyen, und dann die letzteren nur für weitere Ausführungen der ersteren hielt. Burnell, On the Aindra School of Sanskrit Grammarians**) pag. 45—48 stimmte Haug im allgemeinen zu und meinte, dass der Name Pâṇinîya-Çikshâ jünger sei als das Werk selbst oder wenigstens als gewisse Teile desselben, d. h. eine Anzahl von Regeln gehöre einer Schule an, die älter sei als Pâṇini, während manches sich an denselben anlehne. Diese Ansichten wurden dann völlig widerlegt von F. Kielhorn, der in seinen Remarks on the Çikshâ's***) nicht nur die wirkliche Bedeutung dieser Werke feststellte, sondern auch ein Verzeichniss und eine Besprechung der von ihm gesammelten 17 Çikshâ's veröffentlichte. Danach sind dieselben moderne Regelsammlungen, die zum Teil sogar mit wenig Sorgfalt zusammengestellt sind und nur dem Zwecke dienen, genaue Vorschriften über Recitation der Veden zu geben. Sie lehnen sich an die Prâtiçâkhyen an und sind inhaltlich weit weniger umfassend als diese, indem sie ihrem Zwecke gemäss nur gewisse Teile des Stoffes, allerdings meist mit viel grösserer Ausführlichkeit, behandeln. Wenngleich zuweilen auch andere Gegenstände darin besprochen werden (z. B. Vorschriften über das Leben eines Brahmanen u. s. w.), so ist der Kernpunkt doch immer die Lehre von der Recitation.

Was nun die bisher gefundenen Çikshâ's†) selbst betrifft, so ist allerdings im Vergleich zu den übrigen Werken dieses

*) In den „Abhandlungen der Philos.-Philol. Klasse der Königlich Bayerischen Akademie der Wissenschaften“. 13. Band. München 1875.

**) Mangalore 1875.

***) Sonderabdruck aus dem Indian Antiquary. Bombay 1876.

†) Eine Aufzählung der bisher gefundenen resp. nur durch Citate bekannten Çikshâ's siehe auch bei Burnell, a. a. O. pag. 45 und 46.

Namens die Pâṇinîya-Çikshâ nicht nur „im ganzen ziemlich unbedeutend“, sondern sie ist sogar von denen, die ich durchgelesen habe, die allerärmlichste und unbedeutendste, denn sie bewegt sich fast nur in allgemeinen Phrasen und giebt wenig wirkliche Regeln. Weit bedeutender, ja bisher offenbar die bedeutendsten sind die Çikshâ's des schwarzen Yajus, speciell der Taittirîya-Schule. Diese Vermutung hatte auch schon Haug, „Ueber das Wesen etc.“ pag. 55, doch glaubte er, dass dieselben in der Mâṇḍûkî- und Nâradî-Çikshâ erhalten seien, während diese beiden vielmehr, wahrscheinlich ebenso wie die Cârâyaṇîya-Çikshâ (s. über diese Kielhorn, Remarks etc. pag. 18 ff.), als zum Atharvaveda resp. zum Sâmaveda gehörig zu betrachten sind. Die Çikshâ's der Taittirîya-Schule sind vielmehr die Vyâsa-Çikshâ (Kielhorn, Remarks etc. pag. 16—31), der Çikshâ-Samuccaya (ibid. pag. 31) und die vorliegende Sarvasammata-Çikshâ *).

Diese letzteren nun, deren Auffindung auch Weber, Pratijñâsûtra pag. 112 unter „Nachträge“ erwähnt, giebt in 132 Çloka unter allen, soviel ich gesehen habe, trotz mancher Mängel die klarste und vielseitigste Darstellung dessen, was eine Çikshâ lehren soll. Ueber Abfassungszeit und Verfasser irgend etwas zu bestimmen fehlt leider jeder Anhaltspunkt und der Verfasser des den Text begleitenden Commentars giebt sich ebenso wenig zu erkennen. Im übrigen ist jedoch der letztere im allgemeinen klar und erleichtert das Verständniss ausserordentlich. Ich habe deshalb auch nur bei schwierigen Stellen eine Uebersetzung resp. Erklärung desselben gegeben.

Schlimmer steht es nun freilich mit der Anordnung der einzelnen Lehren. Schon ein Blick auf die folgende Inhaltsübersicht genügt, um zu zeigen, dass hier eine Anzahl von ganz verschiedenartigen Vorschriften in buntem Durcheinander zusammengestellt ist und dass man sich vergeblich bemüht, wenn man irgend eine Methode oder Disposition dabei herausfinden will.

---

*) Ob die bei Burnell ausser diesen drei Çikshâ's genannte Taittirîya-Çikshâ — der Name ist mit einem ? versehen — ein von diesen verschiedenes Werk ist, weiss ich nicht.

Der Inhalt ist folgender:

R. 1	enthält die Anrufung des Gottes Ganeça,
R. 2—10	behandeln die Lehre von der Verdoppelung der Consonanten resp. vom âgama,
R. 11—13	die mâtrâ-Messung des anusvâra,
R. 14	das Eintreten der yama,
R. 15—17	Verbote der Consonantenverdoppelung,
R. 18—26	die Entstehung, Anwendung und Aussprache der svarabhakti,
R. 27—31	die Arten des Hiatus,
R. 32	den anusvâra in gewissen Wörtern,
R. 33—35	die Klasseneinteilung der Accente und Buchstaben,
R. 36—39	allgemeine Vorschriften über Studium und Recitation des Veda,
R. 40—41	die mâtrâ-Messung der Vocale und Consonanten und Erklärung der mâtrâ an Tierstimmen,
R. 42—45	die Aussprache gewisser Laute (h, anusvâra, lv, ny, nv, nh),
R. 46—49	Definition, Aussprache u. mâtrâ-Messung des rañga,
R. 49	zugleich das Verhältnis von Prâtiçâkhya und Çikshâ,
R. 50—53	Silbenzugehörigkeit der Consonanten und der svarabhakti,
R. 54—57	die Aussprache von labialen Lauten,
R. 58—60	die Definition des kampa,
R. 61	eine mâtrâ-Bestimmung für den Vortrag,
R. 62	die verschiedenen Arten von Nasalen,
R. 63	die Aussprache gewisser Consonantengruppen,
R. 64—65	allgemeine Vorschriften über Recitation des Veda,
R. 66—68	die Entstehung der Accente,
R. 69—79	die verschiedenen Arten des svarita,
R. 79	zugleich die Aufzählung der Präpositionen,
R. 80	eine Ausnahmebestimmung über gewisse Präpositionen,
R. 81—82	die Definition der trikrama's,
R. 83	die Aussprache von hm und h mit Halbvocal,
R. 84	die mâtrâ-Messung der Pause nach einem anuvâka etc.,
R. 85—86	das Ausrufen von om,
R. 87	die mâtrâ-Messung von om,

R. 88—91 die Bezeichnung der Accente durch die Finger,
R. 92—93 Belohnungen resp. Strafen für richtige resp. falsche Bezeichnung der Accente,
R. 94 eine allgemeine Bestimmung über richtige Betonung,
R. 95 den Charakter der nâsikya,
R. 96 eine Bestimmung über eine erste muta vor ûshman,
R. 97 die mâtrâ-Messung des anusvâra,
R. 98 das Verbot der yama,
R. 99—105 Verdoppelungen von Consonanten und Ausnahmen hierzu.
R. 106 Die Consonantengruppen n̄t und n̄dh,
R. 107—108 die Verbindung rṛi,
R. 109 die Aussprache gewisser langer Vocale,
R. 110—111 die svarita-Anziehung,
R. 112 die Verbindung rṛi,
R. 113—120 die Namen gewisser Teile der Taittirîya-Saṁhitâ,
R. 121—123 das vedische Alphabet,
R. 124—125 allgemeine Vorschriften über Recitation des Veda,
R. 126—127 die verschiedenen Arten des Vortrags,
R. 127 zugleich das tägliche Pensum beim Unterricht und Entstehung der Accente,
R. 128 Aussprache und Entstehung des svarita,
R. 129 die Stellung der Finger bei der Accentbezeichnung (= R. 89),
R. 130—132 Strafen für den anders lehrenden und Belohnungen für Accent-Bezeichnung und Veda-Studium.

Man sieht aus diesem Verzeichniss, dass der Verfasser seine Regeln aufgestellt hat, wie sie ihm gerade in den Sinn kamen, ohne auch nur im geringsten auf eine disponirte Anordnung Rücksicht zu nehmen. Ausser der Yâjñavalkya-Çikshâ habe ich auch kein Werk gefunden, welches es hierin dem unseren gleichtäte, vielmehr sind die bedeutenderen Çikshâ's nach ihrem Stoffe in einzelne Kapitel eingeteilt.

Aber der Mangel an Methode und Kritik seitens des Verfassers zeigt sich noch deutlicher, wenn man die Art seiner Zusammenstellung genauer betrachtet. Ziemlich häufig, und zuweilen nicht einmal neben einander, finden sich Regeln über denselben Gegenstand, die mit einander nicht zu vereinigen sind und deshalb nur als verschiedene Lehren erklärt werden können, obwohl weder der Verfasser, noch auch in der Regel der Commentator hierüber eine Andeutung macht. So wird in R. 5 gelehrt, dass der anusvâra vor einer Consonantengruppe verdoppelt werden soll, in R. 6 dagegen, dass nur der anusvâra zwischen kurzem Vocal und Consonantengruppe die Verdoppelung erleidet. In demselben Verhältniss zu einander stehen R. 11, 12, 13 und 97, die die mâtrâ-Messung des anusvâra behandeln; auffälligerweise wird in R. 97 gesagt, dass es ausser dieser Lehre (d. h. der von R. 97) keine andere hierüber gäbe, aber R. 11 beweist doch das Gegenteil, falls man in der letzteren nicht sehr wichtige Bestimmungen ergänzen soll. Vergl. auch das pakshântaram des Commentars zu R. 11. Ferner enthält R. 28 eine speciellere Lehre als R. 27 über den Hiatus zwischen zwei langen Vocalen. R. 29 bestimmt die mâtrâ-Messung der einzelnen Arten des Hiatus, R. 30 bringt dagegen offenbar mit Anlehnung an das Prâtiçâkhya (s. unten), die ganz allgemeine mâtrâ-Bestimmung für den Hiatus in einem Worte und den zwischen zwei Wörtern. In R. 90 wird gelehrt, dass die Accente bezeichnet werden sollen durch Verbindung des Daumens mit den Mittelgliedern der einzelnen Finger, R. 91 bestimmt dagegen speciell für jeden Accent ein besonderes Glied der Finger; hier bezeichnet allerdings auch der Commentator die letztere Regel ausdrücklich als eine andere Lehre. R. 110 lehrt, dass die svarita-Anziehung nur bei den nâda und dem anusvâra stattfindet, R. 111 dagegen bestimmt dieselbe für den anusvâra, sowie für y, r, l und v und hier bemerkt der Commentator, dass in seiner Schule die svarita-Anziehung nur für anusvâra und r gelte, die von y, l und v aber einer anderen angehöre.

Nicht minder bezeichnend als diese unvermittelte Zusammenstellung verschiedener Ansichten sind die völlig überflüssigen Wiederholungen einzelner Regeln. So wird in R. 15 die Verdoppelung eines ûshman vor einer tenuis verboten und R. 99 wiederholt dasselbe, nur wird hinzugefügt, dass die tenuis eine ursprüngliche sein müsse, d. h. kein âgama zu einer aspirata. Vorausgesetzt, dass in der letzten Regel der Text überhaupt richtig ist, muss eine von beiden überflüssig sein, denn dass R. 99 eine andere Lehre enthalten soll, kann man nach der Erklärung des Commentators nicht annehmen, da sich derselbe hier auf die Regel des Taitt. Prât., welche dieselbe Bestimmung giebt wie R. 15, bezieht und erklärt, prathamaparaḥ stünde dort, also auch in R. 15, für prâkṛitaprathamaparaḥ. Ferner wiederholt R. 100 Bestimmungen von R. 8 und 15, nämlich die Nicht-Verdoppelung von r und aspiraten, R. 101 erwähnt r dann nochmals und ebenso den visarga, der bereits in R. 15 mit aufgezählt war. R. 104 sagt in ganz mechanischer Weise noch einmal dasselbe wie R. 17, 102 und 103, ebenso ist R. 112 nur eine Wiederholung von R. 107 und endlich wird in R. 127 sowohl, wie in 128 die mystische Entstehung des svarita genannt. Die wörtliche Wiederholung der R. 89 als R. 129 mag durch einen Irrtum in den Text gekommen sein, allerdings hat sie der Commentator auch gelesen, ohne darüber eine entsprechende Bemerkung zu machen.

Aus alledem ersieht man, dass der Verfasser bei der Zusammenstellung seiner Regeln nicht eben sehr gewissenhaft zu Werke gegangen ist, und die Vermutung liegt sehr nahe, dass derselbe die einzelnen Bestimmungen aus einer Anzahl anderer Werke zusammengeschrieben hat, und zwar zuweilen in einer höchst ungeschickten und gedankenlosen Weise, d. h. unsere Çikshâ ist das, was wohl auch der Name sarvasaṁmata andeuten soll, eine Compilation von Recitations- und anderen Vorschriften, die zum Teil mit wenig Sorgfalt gearbeitet ist. Dass freilich das „sarvasaṁmata“ nicht allzu wörtlich zu nehmen ist, geht daraus hervor, dass sich, wie die Erklärungen zeigen werden, nicht bloss häufige Abweichungen von den Çikshâ's und Prâtiçâkhyen anderer Schulen finden, sondern auch mehr als einmal Verschiedenheiten von der Vyâsa-Çikshâ, dem Çikshâ-Samuccaya und dem Taittirîya-Prâtiçâkhya vorkommen (z. B. die Lehre von der Verdoppelung des finalen n u. a.).

Aber ausser diesem Mangel an Methode fällt bei dem Verfasser der Çikshâ noch ein anderer Umstand scharf in's

Auge, nämlich eine völlige Unkenntniss der Grammatik. Es zeigt sich dies zwar eigentlich nur an einer Regel, aber dieselbe liefert dafür auch einen Beweis von überzeugender Sicherheit. In R. 106 wird gelehrt, dass zwischen einem nicht finalen ñ und einem darauf folgenden t oder dh ein k resp. g eingeschoben werden soll, und als Beispiel dafür werden yuñkte und juñgdhvam angeführt. Beides sind Verbalformen von der Wurzel yuj nach der siebenten Klasse und nach der Lehre der Grammatik ist hier ñ der eingeschobene präsensbildende Nasal, k resp. g aber gehören zum Stamme. Und dieser selbe Unsinn findet sich in der Vyâsa-Çikshâ und in dem Çikshâ-Samuccaya! Diese eine Regel ist gewiss schon bezeichnend genug nicht nur für den grammatischen Standpunkt mindestens dieser drei Çikshâ's sondern auch für die Originalität, die in denselben zu Hause ist. Ein Fall wie R. 80, wo gelehrt wird, dass in der Verbindung avâ naḥ, wo avâ Imperativ von av ist, dieses Wort nicht als Präposition gilt, ist ebenfalls nur durch den Mangel jeglichen grammatischen Gefühls zu erklären. Diese letztere Bestimmung findet sich übrigens in der Vyâsa-Çikshâ ebenfalls. (Vergl. hierzu die Bemerkung Kielhorn's über die Vedapâṭhaka's, Remarks etc. pag. 13.)

Was nun das Verhältniss der Çikshâ's zu den Prâtiçâkhyen anlangt, so wird hierüber kaum eine andere Çikshâ bessere Auskunft geben als die unsrige. Da dieselbe, wie bereits bemerkt, zu den Çikshâ's der Taittirîya-Schule gehört, so ist es nur natürlich, wenn sie auch mit dem Taittirîya-Prâtiçâkhya mehr zusammenstimmt als mit allen anderen. Und zwar steht sie zu demselben in dem Verhältniss der directen Abhängigkeit, wie schon R. 49 andeutet, wonach die Çikshâ dem Prâtiçâkhya unter allen Umständen nachsteht. Aber auch aus dem sonstigen Texte, sowie aus dem Commentar geht dieselbe Tatsache sehr deutlich hervor. Nicht nur dem Inhalte nach decken sich zahlreiche Bestimmungen in allen Einzelheiten mit denen des Taitt. Prât., sondern auch in der Ausdrucksweise herrscht zuweilen solche Uebereinstimmung, dass man hier dasselbe sagen kann, was Kielhorn, Remarks etc. pag. 26 ff. von der Vyâsa-Çikshâ zeigt, dass nämlich die Regeln der Cikshâ oft nur die des Prâtiçâkhya in metrischer Fassung sind. Ich verweise hier besonders auf R. 10, 50—52, 79 u. a. (Taitt. Prât. XIV, 9, XXI, 1—9, X, 12). Ebenso schliessen sich R. 9 (über parama, ati etc. = Taitt. Prât. XIV, 8) und 97 (über „sra und die übrigen") eng an das Prâtiçâkhya an, letztere sogar mit directer Hinweisung auf ein Kapitel (XVI) desselben. Ebenso ist der Schlussvers beider Werke der nämliche.

Naturgemäss ist nun auch für den Commentator das Prâtiçâkhya die höchste Autorität, und wie er das letztere vor Augen gehabt hat, zeigt er besonders bei R. 30, wo er über den Bestimmungen und Ausdrücken des Prâtiçâkhya's die der Çikshâ vollständig vergessen zu haben scheint. Das nähere über alles dies wird man in den Erklärungen finden.

Von grösserem Gewicht sind dann aber die Citate des Commentators aus dem Taitt. Prât., und zwar citirt er dasselbe entweder als „Prâtiçâkhya", oder aber er führt, ohne jede Angabe, die blosse Regel auf. Im ganzen finden sich dreizehn wörtliche Citate im Commentar, nämlich:

R. 17	citirt	Taitt.	Prât.	XIV, 18, 19, 21.
R. 29	„	„	„	XIII, 22.
R. 36	„	„	„	XXIV, 5.
R. 51	„	„	„	XXI, 7.
R. 52	„	„	„	XXI, 4.
R. 62	„	„	„	V, 28.
R. 79	„	„	„	I, 15 und XIV, 29.
R. 96	„	„	„	V, 3.
R. 99	„	„	„	XIV, 17.
R. 105	„	„	„	XIV, 26.

Nach diesen Autoritätsbeziehungen der Çikshâ zu dem Prâtiçâkhya ist es nicht schwer, sich einen Begriff von dem Zeitverhältniss beider zu machen. Zwischen der Abfassungszeit des Prâtiçâkhya's als des älteren und der unserer Çikshâ als des jüngeren, abhängigen Werkes müssen Jahrhunderte liegen, denn nur so ist die Anerkennung unbedingter Ueberlegenheit des ersteren seitens der letzteren zu erklären, von dem umfangreicheren Stoffe und der exacteren Behandlung desselben in diesem çâstra, wie in R. 88 von dem Commentar das Prâtiçâkhya genannt wird, gegenüber der Specialität und Systemlosigkeit dieser modernen Regelsammlung ganz zu schweigen. Es mag sein, dass die Sarvasammata-Çikshâ als eine blosse Compilation gerade eine von den jüngsten unter allen Çikshâ's ist, aber wenn auch einige von diesen Werken, wie z. B. die Nâradî-Çikshâ, früher anzusetzen sind, so wird dadurch an dem Verhältniss derselben zu den Prâtiçâkyen wenig geändert werden. Gleichfalls auf eine lange Zwischenzeit zwischen Prâtiçâkhyen und Çikshâ's weisen diejenigen Lehren, die sich in den letzteren als neu finden und von denen die ersteren so gut wie keine Spur haben. So müssen die Lehren von der svarabhakti (R. 18—26), von den verschiedenen Arten des Hiatus (R. 27—31), der Accentbezeichnung durch die Finger (R. 88—91), der svarita-Anziehung (R. 110—111) u. a., die sich in fast allen Çikshâ's finden und über welche die Prâtiçâkhyen wenig oder nichts sagen, einer langen Zeit bedurft haben, um sich zu der Ausführlichkeit zu entwickeln, in der sie uns vorliegen.

Dass nun aber andererseits der Commentar des Taitt. Prât. jünger ist als die Çikshâ's, ja sogar vielleicht jünger als unser Commentar, zeigen wieder die zahlreichen Citate aus der Çikshâ, die sich in jenem finden. Und zwar ist diese so oft von ihm angeführte Çikshâ (s. Whitney, Taitt. Prât. pag. 435) nicht, wie Weber vermutet (Pratijñâs. pag. 73), die Bhâradvâja Çikshâ (Kielhorn, Remarks etc. pag. 22 f.), sondern höchst wahrscheinlich zum Teil unsere Sarvasammata-Çikshâ, zum Teil der Çikshâ-Samuccaya, zum Teil endlich gehören die Citate beiden Werken zugleich an; die aus dem letzteren überwiegen jedoch bedeutend. Der Commentar bezeichnet die Citate entweder als Worte des çikshâvyâkhyâna oder aber einfach als Regeln der çikshâ oder als çikshâvacanam oder auch als çikshâkârair uktam (XXI, 15). Unter dem erstgenannten Namen wird allerdings, soviel ich gesehen, nur ein Citat angeführt, nämlich XXI, 1, und zwar ein çloka, der sich in unserem Commentar zu R. 50 findet, d. h. also der Commentator zum Prâtiçâkhya citirt den Commentar der Çikshâ! XIV, 5 wird R. 7 unserer Çikshâ als Erklärung einer Regel gegeben, die aus dem Ç.-Samuccaya fol. 9ᵃ, 6 und 9[b], 1 citirt ist, jedoch ist hier die Quelle nicht angegeben. Weit öfter werden nun aber Verse als der Çikshâ gehörig bezeichnet und diese finden sich fast alle wörtlich in dem Çikshâ-Samuccaya, zuweilen auch ausserdem noch in unserer Çikshâ. Von den neun Stellen im Prâtiçâkhya, wo die çikshâ wörtlich citirt wird, und die Whitney, Taitt. Prât. pag. 435 aufzählt*), finden sich fünf in dem von mir benutzten M.S. des Çikshâ-Samuccaya. Von den vier anderen Stellen finden sich zwei in der Sarvasammata-Çikshâ (nämlich I, 1 resp. VIII, 15 = R. 95 und XIX, 3 = R. 58), während die beiden noch übrigen in keiner von beiden vorkommen. Da nun aber das von mir benutzte M.S. des Çikshâ-Samuccaya sehr lückenkaft ist (s. unten), so kann man wohl mit Sicherheit annehmen, dass auch diese vier resp. Citate alle in einem vollständigen Texte desselben enthalten sind. Uebrigens findet sich das Citat in XIV, 26, das Whitney nicht mit in den Text des Commentars aufgenommen hat, ebenfalls in dem Çikshâ-Samuccaya. Die Vyâsa-Çikshâ habe ich nur einmal citirt gefunden im Commentar des Taittirîya-Prâtiçâkhya, und auch hier ist es ungewiss, ob nicht das Citat auch dem Çikshâ-Samuccaya angehört. Es ist der Vers über die Arten des Hiatus, den nur Whitney's M.S. W, und zwar in einer sinnlosen Form, gab und der sich Vyâsa-Çikskâ fol. 116[a], 6—8 und 117[a], 5—6 findet. So stimmt auch diese letztere Çikshâ mit der unsrigen wörtlich fast nie überein, während die letztere mit dem Çikshâ-Samuccaya zahlreiche gemeinschaftliche Verse hat. Aus alledem geht also wohl mit ziemlicher Sicherheit hervor, dass der Commentator des Taitt. Prât. mit der çikshâ resp. dem çikshâvacanam immer den Çikshâ-Samuccaya meint; ob aber unter dem XIV, 5 citirten Verse resp. unter dem cikskâvyâkhyâna wirklich ein Vers unserer Çikshâ resp. deren Commentar zu verstehen ist, lässt sich wegen des geringen Materials nicht sicher entscheiden.

Was das Verhältniss der einzelnen Çikshâ's unter ein-

---

*) Whitney giebt elf Stellen an, aber die zehnte bringt kein Citat und die elfte ist die oben besprochene XXI, 1.

ander betrifft, so wird man aus den Erklärungen der Regeln ersehen, dass eine ganze Anzahl von Versen, besonders solche allgemeinen Inhalts, Gemeingut fast aller Werke dieser Art sind. Auf die oft auffälligen Uebereinstimmungen auch anderer Çikshâ's unter einander kann ich mich natürlich hier nicht näher einlassen, nur sei noch bemerkt, dass die Siddhânta-Çikshâ (s. Kielhorn, Remarks etc. pag. 33 f.) einen Vers über svarabhakti aus der Sarvasaṁmata-Çikshâ citirt; derselbe findet sich jedoch in dem von mir benutzten M.S. der letzteren nicht.

Da nun unsere Çikshâ der Taittirîya-Schule angehört, so liegt die Frage sehr nahe, die auch Whitney am Ende seiner Ausgabe des Taittirîya-Prâtiçâkhya, pag. 424 ff., für dasselbe erörtert hat, nämlich die Frage nach dem Verhältniss zu der uns vorliegenden Saṁhitâ der Taittirîya's. Und zwar lassen sich hier die Untersuchungen leichter vornehmen als bei dem Prâtiçâkya, weil nicht nur der Commentator seine sämmtlichen Beispiele mit wenigen Ausnahmen aus der Taitt. Saṁh. entnommen hat, sondern, was bei dem Taitt. Prât. nicht der Fall ist, auch der Text selbst auf diese Saṁhitâ resp. auf diese Schule hinweist, indem darin bestimmte Fälle aus der ersteren angeführt und besprochen werden, nämlich in R. 32, 46, 60, 81, 82 und 109 (taṁ nairṛitâdikam); R. 47, 60 und 86 sind mit Sicherheit auf das Taittirîya-Âraṇyaka zu beziehen; und ähnlich sind wohl auch die Bestimmungen in R. 107 und 112 nur mit Beziehung auf Fälle der Taitt. Saṁh. gegeben. In R. 43 wird sogar ausdrücklich eine phonetische Regel als nur für die Taittirîya-Schule giltig bezeichnet und ebenso werden in R. 113—120 die Namen gewisser Teile der Taitt. Saṁh. angegeben, in Uebereinstimmung mit dem Commentar des Taitt. Prât. und dem Kâṇḍânukrama des Taittirîya-Veda. Die wenigen Beispiele des Commentars, die sich nicht in der Taitt. Saṁh. finden, zum Teil aber in anderen Veden, kommen dem gegenüber nicht in Betracht, es mag sich mit ihnen ebenso verhalten wie mit den betr. Beispielen des Commentars zum Taitt. Prât., der Rest, der nicht aufzufinden ist, wird entweder verunstaltet oder durch irgend einen Irrtum in den Commentar geraten sein. Das Resultat, zu dem man kommt, ist eben für die Çikshâ das gleiche, welches Whitney für das Prâtiçâkhya gefunden hat, dass sich nämlich dieselbe zunächst anlehnt an die Taittirîya-Saṁhitâ des schwarzen Yajus.

Zum Schluss noch einige Bemerkungen über das Manuscript. Der Text besteht, wie bereits bemerkt, aus 132 çloka — mit Ausnahme von R. 39 (zweite Hälfte), 94 und 97 und füllt zusammen mit dem Commentar ein Manuscript von 33 Blättern, auf beiden Seiten beschrieben, jede Seite mit 8 Zeilen. Das M.S., besonders der Commentar, ist oft entstellt durch Schreibfehler und Flüchtigkeiten.

In den Bemerkungen unter den Regeln habe ich, wenn möglich, immer die parallelen resp. erklärenden Stellen aus den Prâtiçâkhyen angegeben und ebenso einige andere Çikshâ's, die mir die wichtigsten schienen, bei zweifelhaften oder auffälligen Stellen zur Erklärung herangezogen; ausserdem habe ich auch wörtliche Uebereinstimmungen, soweit ich sie verfolgen konnte, besonders vermerkt. Ueber die benutzten Çikshâ's seien hier die nötigen Bemerkungen gegeben:

I. Vyâsa-Çikshâ (Kielhorn, Remarks etc. pag. 26—31), ein M.S. von 130 Blättern, auf beiden Seiten beschrieben, jede Seite mit 8 Zeilen. Die umfangreichste Çikshâ, begleitet von einem Commentar. Citirt wird sie als V. Ç. nach Blättern und Zeilen.

II. Çikshâ-Samuccaya (Kielhorn, pag. 31 ein sehr incorrectes und lückenhaftes M.S. von 19 Blättern, ebenso beschrieben) wie die vorige Çikshâ. Ein Commentar fehlt; citirt als Ç. S. nach Blättern und Zeilen.

III. Nâradî-Çikshâ (Kielhorn, pag. 20 f.), im M.S. in zwei Prapâṭhaka geteilt, jedes zu acht Kapiteln. Ein Commentar fehlt. Citirt als N. Ç. nach Prapâṭhaka (römische Ziffer), Kapitel und Versen (deutsche Ziffer).

IV. Mâṇḍûkî-Çikshâ (Kielhorn, pag. 23), im M.S. in 16 Kapitel eingeteilt. Ein Commentar fehlt. Citirt als M. Ç. nach Kapiteln und Versen (römische und deutsche Ziffer).

V. Yâjñavalkya-Çikshâ (Kielhorn, pag. 24 f.), ein kürzlich in Indien veranstalteter Abdruck eines sehr incorrecten M.S. von 17 Blättern. Ein Commentar fehlt. Sie ist bis fol. 7 in numerirte Verse eingeteilt (bis çloka 76), dann folgt eine neue Zählung bis fol. 11 (çloka 36), dann hört die Bezeichnung der Verse ganz auf. Ich citire als Y. Ç., die erste Zählung wird durch I bezeichnet, die zweite durch II, das übrige wird nach Blättern und Zeilen citirt. Diese, sowie die Nâradî-Çikshâ gehören sicher zu denjenigen Werken, die für einen Europäer, der eine Recitation des Veda nicht wiederholt geschen und gehört hat, zumal ohne Commentar, unmöglich völlig verständlich sind (Kielhorn, pag. 5).

VI. Cârâyaṇîya-Çikshâ (Kielhorn, pag. 18 ff.), ein M.S. von 11 Blättern, auf beiden Seiten beschrieben, jede Seite mit 12 Zeilen (mit Ausnahme von fol. 10). Citirt als C. Ç. nach Blättern und Zeilen.

Alle diese genannten M.S.S., sowie diejenigen noch einiger anderer Çikshâ's wurden mir von Herrn Prof. Dr. Kielhorn aus seiner Bibliothek gütigst zur Verfügung gestellt. Ich spreche demselben hierfür sowohl, wie überhaupt für seine zahllosen Anregungen und Unterstützungen, nicht nur während der vorliegenden Arbeit, auch an dieser Stelle meinen Dank aus.

Von den Prâtiçâkhyen endlich habe ich folgende Ausgaben benutzt:

The Taittirîya-Prâtiçâkhya, with its commentary, the Tribhâshyaratna: Text, Translation and Notes. By William D. Whitney. Im 9. Bande des Journal of the American Oriental Society. New-Haven 1871.

Das Vâjasaneyi-Prâtiçâkya, herausgegeben von A. Weber, im 4. Bande der „Indischen Studien“, Berlin 1858.

Das Ṛigveda-Prâtiçâkhya, Text und Uebersetzung, herausgegeben von Max Müller, als Einleitung zu seiner deutschen Ausgabe des Ṛigveda. Leipzig 1856 und 1869.

Études sur la grammaire Védique. Prâtiçâkhya du Ṛig-Veda. Texte, Traduction et Commentaire par M. Regnier. Im Journal Asiatique, Série 5, Tome 7—12. Paris 1856—1858. Citirt wird in der Regel nach der erstgenannten Ausgabe.

The Atharvaveda-Prâtiçâkhya or Çaunakîyâ Caturâdhyâyikâ: Text, Translation and Notes. By William D. Whitney. Im 7. Bande des Journal of the American Oriental Society. New-Haven 1862.

Die Taittirîya-Samhitâ habe ich citirt nach der Ausgabe von A. Weber, im 11. und 12. Bande der „Indischen Studien.“ Leipzig 1871 und 1872.

Die Sarvasam̊mata-Çikshâ.

Teil I.

कृपालुं वरदं देवं प्रणिपत्य गजाननम् ।
द्वित्वादीनां प्रवक्ष्यामि लक्षणं सर्वसंमतम् ॥ १ ॥

dhyâtvâ sarvajagannâthaṁ sâmbaṁ sarvârthasâdhakam
vyâkhyâyate 'dhunâ çikshâ sarvasaṁmatalakshaṇâ.
gajânanaṁ praṇamya dvitvâdînâm, âdiçabdenâgamâdikam ucyate, lakshaṇaṁ vakshyâmîty arthaḥ.

1. Nachdem ich mich verneigt habe vor dem mitleidvollen, Wünsche gewährenden Gotte Gajânana (Gaṇeça), will ich die allgemein anerkannte Lehre von der Verdoppelung u. s. w. vortragen.

स्वराद्[1]द्वित्वमवाप्नोति व्यञ्जनं व्यञ्जने परे ।
स्पर्शो लकारपूर्वो यो वपूर्वश्च द्विरुच्यते ॥ २ ॥

[1] M.S. स्वराद्द्वि°

svarât paraṁ vyañjanaṁ dvitvam âpnoti vyañjane pare sati; yathâ: *yajñ*asya ghoshat (I, 1, 2, 1) *). svarâd iti kim? prajananaṁ *jy*otiḥ (VII, 1, 1, 1). vyañjane para iti kim? *ishe* tvâ (I, 1, 1, 1), pra*üg*am (V, 4, 11, 2). lakârapûrvo vakârapûrvô[1] vâ yaḥ sparçaḥ sa dvir ucyate, dvitvam âpnoti; yathâ: ka*lp*âñ juhoti (V, 4, 8, 5), a*lp*â enam (VI, 5, 9, 3), vibhûdâ*vn*e (III, 5, 8, 1), dadhikrâ*vṇ*aḥ (I, 7, 8, 3). evampûr-

*) Die Zahlen ohne nähere Bezeichnung gelten immer für die Taittirîya-Saṁhitâ.

vasparça iti kim? ka*ly*âṇî (VII, 4, 8, 3), ha*vy*avâham (III, 1, 5, 2).

[1] fehlt im M.S.

2. Ein auf einen Vocal folgender Consonant wird verdoppelt, wenn ein Consonant folgt. Eine muta, die auf l oder v folgt, wird ebenfalls verdoppelt.

Wie in allen Prâtiçâkhyen, so ist auch hier diese elementare Regel an die Spitze der Lehre von der Consonantenverdoppelung gestellt: Taitt. Prât. XIV, 1. Vâj. Prât. IV, 97. Ṛigv. Prât. VI, 1. Ath. Prât. III, 28.

Der zweite Teil der Regel findet sich ebenfalls Taitt. Prât. XIV, 2, wo diese Bestimmung dem Paushkarasâdi zugeschrieben wird. Vâj. Prât. IV, 99 wird die Regel auf die Halbvocale überhaupt ausgedehnt, allein da y nicht in Verbindung mit einem sparça erscheint, r aber noch in R. 3 besonders behandelt wird, so weicht dieselbe nicht von der obigen Bestimmung ab. Ṛigv. Prât. VI, 2 erwähnt v nicht mit. — Ob auch in diesem Falle der erste Teil der Regel gilt, d. h. ob l und v ebenfalls verdoppelt werden, ist zwar nicht ausdrücklich gesagt, jedoch lässt sich dies wohl daraus schliessen, dass r, welches nie verdoppelt werden darf, hier nicht mit genannt ist und ausserdem in R. 100 für dieses — und nicht für l und v — die Verdoppelung besonders verboten wird. Taitt. Prât. XIV, 3 meint, einige hätten die Verdoppelung auf den sparça beschränkt. Vergl. auch R. 16.

Geschrieben werden alle diese Verdoppelungen consequent in keinem Manuscripte, nur das M. S. der C. Ç. schreibt sie häufig.

स्वरपूर्वस्य रेफस्य परस्ताद्व्यञ्जनं स्थितम् ।
आपद्यते[1] द्विवर्णं तद्वर्णमात्रे परे सति ॥ ३ ॥

[1] M.S. अपद्यते

svarapûrvasya rephasya parastât sthitaṁ yad vyañjanaṁ tad varṇamâtre pare sati dvivarṇaṁ dvitvam âpadyate; yathâ:

*ûrmi*drapsaḥ (IV, 3, 4, 3). *ûrk* ca me (IV, 7, 4, 1). rephasya svarapûrvatvena kim? *trya*mbakam (I, 8, 6, 2). varṇamâtre pare satîti kim? *ûrk* (IV, 7, 4, 1).

3. **Ein Consonant, der auf ein r folgt, welchem ein Vocal vorhergeht, wird verdoppelt, wenn noch irgend ein Buchstabe folgt.**

Taitt. Prât. XIV, 4 schreibt nicht vor, dass dem r ein Vocal vorhergehen muss, s. aber die Ausführungen des Comment. dort, der auch Pâṇini (VIII, 4, 46) citirt. Vâj. Prât. IV, 98 bringt die nämliche Regel wie die obige, setzt aber IV, 102 hinzu, dass den Halbvocalen, also auch l und v, ein Vocal vorhergehen muss. Ṛigv. Prât. VI, 2 verlangt ebenfalls nicht, dass dem r ein Vocal vorhergehe, ebenso Ath. Prât. III, 31.

Die Bestimmung, dass dem zu verdoppelnden Consonanten noch ein Buchstabe folgen muss, hat von den Prâtiçâkhyen ausdrücklich nur Ṛigv. Prât. VI, 2, indessen lässt sich diese Beschränkung aus der Regel Taitt. Prât. XIV, 15 und Vâj. Prât. IV, 114 entnehmen, dass nämlich ein Consonant in der Pause nicht verdoppelt werden kann.

ह्रस्वपूर्वौ नङौ द्वित्वमापद्येते पदान्तगौ ।
अपि स्वरोत्तरावेव श्लिष्टे भवति नान्यथा ॥ ४ ॥

hrasvapûrvau padântagau nan̄au nakâran̄akârau svarottarâv api çlishṭe saṁhitâyâm eva dvitvam âpadyete, anyathâ na bhavati, anyathâ dvayor dvitvaṁ nâstîty arthaḥ. yathâ: açm*ann* *û*rjam (IV, 6, 1, 1), kavâ tiry*an̄n̄* [1]*î*vopatishṭheta (V, 1, 8, 5). hrasvapûrvâv iti kim? *tân* *e*va tena [2] prîṇâti (I, 7, 3, 1). *prân̄* *â*sînaḥ (III, 2, 9, 7). padântagâv iti kim? *ana*mîvaḥ[3] (III, 4, 10, 1).

[1] M.S. tiryaṁnn̄ ivop°. [2] fehlt im M.S. [3] M.S.° vâḥ.

4. **Finales n und n̄, wenn ihnen ein kurzer Vocal vorhergeht, werden verdoppelt, selbst wenn ihnen ein Vocal folgt, (aber) nur in der Saṁhitâ, sonst geschieht es nicht.**

Die entsprechenden Bestimmungen hat Taitt. Prât. IX, 18 und 19, also unter den Regeln, die von der Umsetzung des padapâṭha in die saṁhitâ handeln. Ebenso Vâj. Prât. IV, 104. Ath. Prât. III, 27 fügt auch ṇ hinzu. Ṛig. Prât. VI, 4.

Nun zeigt sich aber hier und in der V. Ç. fol. 92ᵇ, 1—2 allem Anschein nach eine wesentliche Abweichung von den Prâtiçâkhyen. Das svarottarâv api unseres Comment. und das acparâv api der Regel in der V. Ç., sowie der erste Teil von R. 17 lassen keinen Zweifel bestehen, dass nach der Ansicht dieser beiden Çikshâ's das finale n und ṅ nach kurzem Vocal auch vor Consonant verdoppelt werden, denn sonst wäre ja die Ausnahmeregel, dass finales n vor y, v und h nicht verdoppelt wird, völlig überflüssig. (Vergl. hierzu wieder die Ausnahmen in R. 102 und 103). Dagegen verbietet Taitt. Prât XIV, 28 ausdrücklich die Verdoppelung eines finalen Consonanten vor Consonanten. Allerdings macht der Comment. hierzu die Bestimmung über n vor y, v und h gegenüber der Regel des Prât. geltend, aber natürlich sind beide nicht mit einander zu vereinigen. Ausserdem führt der Comment. zu IX, 19 als Gegenbeispiel zur Verdoppelung niravapan yâni an (die Ausnahmeregel unserer Çikshâ über n vor y kann natürlich hier nicht in Betracht kommen). Die übrigen Prât. geben keine gleiche ausdrückliche Bestimmung über diesen Fall, sondern lassen ihn unerwähnt, und man könnte annehmen, dass sie ihn unter die allgemeine Bestimmung über den saṁyogâdi nach Vocal (R. 2) stellten, wenn nicht verschiedenes dagegen spräche. Zunächst giebt der Comment. zu Ath. Prât. III, 27 als Gegenbeispiel zu der Verdoppelung des ṅ nur vor Vocal udaṅ jâtaḥ: das ist hier um so auffälliger, als in der vorhergehenden Regel gelehrt wird, dass im allgemeinen ein finaler Consonant verdoppelt wird — im Gegensatz zu allen anderen Prât. Nach Auffassung des Comment. wäre also das finale n hierzu eine stillschweigende Ausnahme. - Ferner lässt sich für Vâj. Prât. IV, 104 dieselbe Voraussetzung betr. des n und ṅ vor Consonant annehmen, denn wenn hier die allgemeine Bestimmung in IV, 97 (=R. 2) fortgelten sollte, so sollte man hinter dem Worte svare in

104 ein ca oder api erwarten. Endlich kann man hier, wie im Ṛigv. Prât. gegen die allgemeine Regel über den saṁyogâdi die ebenso allgemeine Bestimmung Vâj. Prât. IV, 114 resp. Ṛigv. Prât. VI, 2 geltend machen, wonach ein Consonant in der Pause nicht verdoppelt werden soll. Aus alledem scheint mir eine Beschränkung der Verdoppelung des n nur vor Vocal nach Ansicht der Prât. mit Sicherheit hervorzugehen und eine Abweichung selbst innerhalb derselben Schule lässt sich hier nicht läugnen.

Die beiden Verse, die der Comment. zu Taitt. Prât. XIV, 28 citirt, finden sich Ç. S. fol. 4b, 7. Danach soll finales n, wenn ihm r vorhergeht, ausnahmsweise verdoppelt werden. Whitney, Taitt. Prât. a. a. O. schreibt rephât pûrvo; dies kann nicht richtig sein, denn dann würde diese Regel ja unter die spätere — fol 5a, 1 — fallen, nach der ausnahmsweise ein Nasal vor Halbvocal verdoppelt werden soll (also das Gegentheil von R. 17), mithin überflüssig sein. Ausserdem lesen alle M.S.S. des Prât. bis auf eins rephapûrvo (s. Whitney's Note 43 a. a. O.).

संयोगादिरियाद्द्वि[1]त्वमनुस्वारात्परः[2] स्थितः ।
अनुस्वारो द्विरुच्येत संयोगे परतः स्थिते ॥ ५ ॥

[1] M.S. °रियाद्दि°   [2] पर

anusvârât paraḥ[1] sthitaḥ saṁyogâdir dvitvam iyât. saṁyoge parataḥ sthite saty anusvâro 'pi dvir ucyeta; yathâ: vâyavyaṁ çvetam (II, 1, 1, 1), vayaṁ syâma (I, 6, 6, 4).

[1] M.S. para.

5. Der erste Consonant einer Gruppe soll verdoppelt werden, wenn er auf einen anusvâra folgt. Ein anusvâra soll verdoppelt werden, wenn eine Consonantengruppe folgt.

Der erste Teil dieser Regel wird auch Ṛigv. Prât. VI, 1 gelehrt, die übrigen Prât. haben die Bestimmung nicht. Ç. S. fol. 5a, 6—7, findet sich der nämliche Vers.

Was die Verdoppelung des anusvâra selbst anlangt, so ist sie gewiss auffällig genug; auch wird sie in keinem Prât.

gelehrt, ja Vâj. Prât. IV, 107 direct verboten.

ह्रस्वसंयोगयोर्मध्ये योऽनुस्वारो हि दृश्यते ।
स एव द्वित्वमाप्नोति तदन्यो न द्विरुच्यते ॥ ६ ॥

yo 'nusvâro hrasvasaṁyogayor madhye dṛiçyate sa evânusvâro dvitvam âpnoti, tadanyo 'nusvâro na dvir ucyate. pûrvoktam evodâharaṇam. hrasvasaṁyogayor madhya iti kim? trî*ṁs* *t*ṛicân (II, 5, 10, 1), sa vay*âṁsy* asṛijata (III, 1, 1, 1).

6. Nur der anusvâra, den man zwischen einem kurzen Vocale und einer Consonantengruppe sieht, wird verdoppelt, ein anderer nicht.

Der Ç. S. hat diese Beschränkung nicht, wohl aber V. Ç. fol. 92ᵇ.

कुत्रचित्स्वरयोर्मध्ये द्वित्वं लक्ष्यानुसारतः ।
पूर्वागमस्तथा तत्र ज्ञेयो वर्णविचक्षणैः ॥ ७ ॥

kutracid ekapade svarayor madhye vidyamânaṁ dvitvaṁ lakshyânusârato varṇavicakshaṇaiḥ prajñeyam. tatraikasmin pade svaramadhye vidyamâna âgamaç ca [1] lakshyânusârato vijñeyaḥ. yathâ: a*tt*â havîṁshi (II, 6, 12, 2), a*nn*apate '*nn*asya (IV, 2, 3, 1), barhir *acch*a (I, 1, 2, 1), varshavṛi*ddh*am (I, 1, 2, 1).

[1] M.S. fügt yathâ ein.

7. Zuweilen findet sich zwischen zwei Vocalen eine Verdoppelung, wie es sich gerade trifft. Ebenso findet sich (vor Aspiraten) das Hinzutreten des vorangehenden (sparça), so müssen die der Buchstaben Kundigen wissen.

Auch diese Bemerkung findet sich wörtlich Ç. S. fol. 9ᵇ, 3, während sie in den Prât. nicht gegeben wird. Sie wird citirt vom Comment. zu Taitt. Prât. XIV, 5. Die beiden Verse ähnlichen Inhalts, die ebenda als Worte der çikshâ citirt werden, finden sich Ç. S. fol. 9ᵃ, 6 u. 9ᵇ, 1, und zwar steht dort das richtigere parasya statt pûrvasya, welches letztere Whitney, Taitt. Prât. pag. 292, mit the first consonant of a group übersetzt. Der Ausdruck lakshyânusârataḥ ist von Whitney a. a. O. missverstanden, indem er ihn durch in accordance with rule übersetzt. Die Regel will fọlgendes sagen: zuweilen findet man in einem Worte zwischen zwei Vocalen die Verdoppelung eines Consonanten resp. einen âgama, ohne dass sich diese Erscheinung durch eine der oben gegebenen Regeln erklären liesse, z. B. in annapate oder vṛiddham. Solche Fälle muss man wissen, wie der Comment. zu V. Ç. fol. 94ª, 1 sagt, saṁpradâyena vyâkaraṇasaṁpradâyena vâ, d. h. durch die Ueberlieferung oder durch die Lehre der Grammatik, während die Çikshâ hierfür keine allgemeinen Regeln geben kann.

यत्र येन निमित्तेन द्वित्वं व्यञ्जनमश्नुते ।
द्वितीयस्य चतुर्थस्य तेन पूर्वागमो भवेत् ॥ ८ ॥

yatra yasmin sthale yena nimittena svarapûrvatvâdilakshaṇena vyañjanaṁ dvitvam açnute tena nimittena dvitîyasya caturthasya ca pûrvâgamo bhavet. parva te *râdhy*âsam (I, 1, 2, 1), pratyushṭaṁ rakshaḥ (I, 1, 2, 1), âha sam*abhy*am (?), d*îrgha*m âyuḥ (II, 4, 14, 1), praga*lbh*âya ca (?).

8. Aus demselben Grunde, aus dem ein Consonant verdoppelt wird, soll das Hinzutreten des vorangehenden Consonanten (ten., resp. med.) bei einem zweiten und vierten (ten. asp., resp. med. aspir.) erfolgen.

Dieselbe Bestimmung findet sich Taitt. Prât. XIV, 5. Vâj. Prât. IV, 106. Ṛigv. Prât. VI, 1. Das Beispiel pratyushtaṁ rakshaḥ passt hier nicht her.

परमात्यातिभूते च ह्युपसर्गाश्च धाम च ।
पाथ एष च[1] पूर्वेषु पुर्वं ह्विभुजा इयुः ॥ ९ ॥

[1] M.S. एषुच

parama[1] ati âti bhûte upasargâḥ dhâma pâtha eshaḥ eteshu pûrveshu satsu chakhibhujâ pûrvâgamam iyuḥ. yathâ: *paramaccha*do vare (IV, 6, 2, 1), [2]*aticcha*ndasam (V, 3, 8, 3), savitra [3]*âticcha*ndasâya (VII, 5, 14, 1), [4]yad *bhûteccha*dâṁ sâmâni (VII, 5, 9, 4), *viccha*ndâḥ sûcîbhiḥ[5] (V, 2, 11, 1), nama *âkhi*date ca *prakhi*date ca (IV, 5, 9, 2), *â cche*ttâ te (I, 1, 2, 1), ayakshmayâ *paribhujâ* (IV, 5, 1, 4). jeti kim? *vibhu ca* me (IV, 7, 4, 1 u. 2). *dhâmaccha*d iva khalu vai (II, 4, 10, 2), apy etu *pâthaḥ*. *esha ccha*gaḥ (IV, 6, 8, 1). pâtha iti kim? ṛitubhir vâ *esha*[6] *cha*ndobhiḥ (VII, 5, 15, 2).

[1] M.S. paramâ. [2] atiçc°. [3] âtiçc°. [4] °çcad°. [5] vichiṁdâsyûçîbhiḥ. [6] eshaçc°.

9. Wenn parama, ati, âti, bhûte, Präpositionen, dhâma, pâtha eshaḥ vorhergehen, so soll bei cha, khi und bhuja, ebenfalls der vorhergehende (sparça) vor letztere treten.

Dies ist eine specielle Regel der Taittirîya-Schule, denn sie findet sich nur Taitt. Prât. XIV, 8 und V. Ç. fol. 93ᵃ, 6—7, ist also dem Prât. entnommen.

अघोषादूष्मणो ह्यूर्ध्वं स्पर्शमात्रे समास्थिते ।
सकृत्तत्स्पर्शसस्थानस्तन्मध्ये प्रथमागमः ॥ १० ॥

aghoshâd ûshmaṇa ûrdhvaṁ sparçamâtre samâsthite sati[1] tatsparçasasthânaḥ prathamâgamas tanmadhya ûshmasparçamadhye sakṛid bhavatîty arthaḥ; yathâ: pura*st*âd devebhyo ju*shṭ*am[2] (I, 1, 2, 1), vâyava *stha* (I, 1, 1, 1), çre*shṭha*tamâya karmaṇe (I, 1, 1, 1), dhruvâ a*sm*in (I, 1, 1, 1), vi*shṇ*o havyaṁ rakshasva (I, 1, 3, 1), adityai râ*sn*âsi (I, 1, 2, 2). aghoshâd iti kim? a*hn*âṁ ketuḥ (II, 4, 14, 1), bra*hm*avâdinaḥ (I, 7, 1, 4). sparçamâtre samâsthita iti kim? *sv*adhayâ[3] vitashṭâ (I, 1, 2, 1). sakṛid ity anavasthâne vârakam.

[1] M.S. satîti. [2] M. S. °bhyaḥ pratyushṭam. [3] °yâ vî°.

10. Wenn auf einen dumpfen ûshman irgend eine muta folgt, so tritt die tenuis zwischen beide, welche der betreffenden muta entspricht, aber nur einmal.

Auch diese Bestimmung gehört speciell der Taittirîya-Schule an. Taitt. Prât. XIV, 9 stimmt mit unserer Regel überein, es nennt den eingeschobenen Laut abhinidhâna. Vaj. Prât. IV, 99 und 100 verlangt nicht Einschiebung der betr. tenuis, sondern einfache Verdoppelung. Diese Bestimmung, wenn man IV, 106 hinzunimmt, wird sich in allen Fällen mit unserer Regel decken, ausser wenn ein Nasal auf den ûshman folgt (z. B. vishṇu). Ausserdem wird die Bestimmung auf alle ûshman ausgedehnt, also auch auf h, den einzigen ghoshavat, ja IV, 98 wird die Verdoppelung nach h ausdrücklich gelehrt. Ṛigv. Prât. VI, 2 lehrt ebenfalls die Verdoppelung, und zwar willkürlich, h wird auch hier nicht ausgenommen und die beiden Gegenbeispiele unserer Regel, ahnâm und brahma, werden dort gerade als Beispiele angeführt. Der Comment. bemerkt an der betr. Stelle (M. Müller pag. CXV), dass nur tenuis oder tenuis aspir. nach den ûshman der Regel unterliegen, die Nasale werden also auch hier nicht berücksichtigt. Ath. Prât. hat die Bestimmung überhaupt nicht.

Den Ausdruck sakṛit erklärt sowohl der Comment. zu V. Ç. fol. 95ª, 2—3, wo sich dieselbe Regel findet, als auch der unsere so, dass damit nur eine einmalige Einschiebung angedeutet werden soll, d. h. zwischen der neu eingeschobenen tenuis und dem vorhergehenden ûshman soll nicht noch einmal eine tenuis eingeschoben werden.

मात्राद्द्वि[1]मात्रोऽनुस्वारो द्विमात्रान्मात्र एव तु ।
मात्रिकादपि संयोगे मात्रिकस्तु द्विरूपवत् ॥ ११ ॥

[1] M.S. °त्राद्वि°

mâtrât paro 'nusvâro dvimâtro bhavati. dvimâtrât paro 'nusvâra ekamâtro bhavati. saṁyoge pare sati mâtrikâd ekamâtrât paro 'pi mâtrika eva bhavati. dvirûpavat, saṁyoge pare sati hrasvapûrvo 'nusvâro dvitvavân bhavatîty arthaḥ. yathâ: [1]*aṁ*çur *aṁ*çus te (I, 2, 11, 1), rakshâ*ṁ*si yajñam (VI, 1, 8, 3), paçavo vai [2]chandâ*ṁ*si (V, 2, 3, 5). saṁyoge pare yathâ: vâyavy*aṁ ç*vetam (II, 1, 1, 1), vay*âṁsy* asṛijata (III, 1, 1, 1).

mâtrâd[3] dvimâtro 'nusvâra ity etat srâdivishaya[4] eva. pratyushtaṁ̐ rakshaḥ (I, 1, 2, 1) ityâdisthale 'nusvâra ekamâtrât paratve 'pi mâtrâkâla[5] eveti mantavyam asrâditvât[6]. tathâ ca çikshâvacanam:

> mâtrâyâḥ paratobhavo[7] dviguṇitaḥ srâdishv anusvarâko 'srâdau mâtrika eva ced ubhayato dîrghât paro mâtrikaḥ,
>
> saṁyoge ca tathaiva sarvavishaye[8] dîrghâc ca hrasvât paro dvitvaṁ gacchati mâtrikâmatam idam çâstretaraṁ naiva hi

ity etat sarvaṁ matkṛitaçikshâcandrikâyâṁ samyag vivecitaṁ drashṭavyam. idaṁ tu pakshântaram iti drashṭavyam.

[1] In diesen Regeln hat das M.S. das Zeichen ̐ für den anusvâra. [2] M.S. vaiçc⁰. [3] mâtrâdvi⁰. [4] svarâdivishaya etayeva. [5] dvimâtrâ⁰. [6] ahrâd⁰. [7] paro dvig⁰. [8] ⁰vishayî.

11. Der anusvâra, der auf den Wert von einer mâtrâ folgt, misst zwei mâtrâ, der auf den Wert von zwei mâtrâ folgt, misst eine mâtrâ. Folgt eine Consonantengruppe, so misst er auch nach dem Werte von einer mâtrâ nur eine mâtrâ und wird verdoppelt.

अनुस्वारो द्विमात्रः स्याद्रेफोष्मसु परेषु च ।
संयोगे परभूते स्यान्मात्रिकस्तु द्विरूपवत् ॥ १२ ॥

rephoshmasu pareshu satsv anusvâro dvimâtraḥ syât. saṁyoge para ekamâtratvam eva; yathâ: vâyavya*ṁ̐* *ç*vetam (II, 1, 1, 1), vay*aṁ̐* *sy*âma (I, 6, 6, 4), sa vay*âṁ̐sy* asṛijata (III, 1, 1, 1), tr*îṁ̐s* *t*ṛicân (II, 5, 10, 1) ity âdi.

12. Wenn ein r oder ein ûshman folgt, so soll der anusvâra den Wert von zwei mâtrâ haben; wenn aber eine Consonantengruppe folgt, den von einer mâtrâ und verdoppelt werden.

Zu 11—12: Da die zweite Regel mit der vorhergehenden unvereinbar ist, so kann man dieselbe nur für eine andere Lehre halten, die unsere Çikshâ als gleichberechtigt neben die ersterwähnte stellt. Den anusvâra im engeren Sinne, d. h. den vor r oder ûshman, meinen auch wohl die beiden Prât., die überhaupt eine genauere mâtrâ-Bestimmung über ihn haben, nämlich Vâj. Prât IV, 147 und 148, wonach der anusvâra nach einem kurzen Vocal 1½ m., der Vocal aber ½ m. messen soll, nach einem langen Vocal aber die Verhältnisse umgekehrt sind; und Ṛigv. Prât. XIII, 13, welches die nämliche Lehre hat, nur dass sich der Unterschied auf ¼ resp. ⅛ m. beläuft. Taitt. Prât. und Ath. Prât. haben nichts dem ähnliches, ersteres lehrt einfach (I, 34), dass der anusvâra die Quantität eines kurzen Vocals, also eine mâtrâ messe. Weit ausführlicher ist das Pratijñâsûtra*) (Weber pag. 87 ff.). Danach tritt vor ç, sh, s, h und r das Zeichen ᵕ für den anusvâra ein und dieser Laut ist kurz (1 m.) nach langem Vocal, lang (2 m.) nach kurzem, und guru, wenn eine Consonantengruppe folgt, mag der vorhergehende Vocal kurz oder lang sein. Dies guru erklärt der Comment. als „aus zwei Buchstaben bestehend“, d. h. also dvirûpavat, wie sich unsere Regel ausdrückt.

Vergl. zu der ganzen Lehre den Comment. zu Ṛigv. Prât. I, 1, bei Regnier, J. A. tome 7 pag. 193. Zur Aussprache des anusvâra vergl. R. 43 und Pâṇ. Ç. Y. 28**). Das sinnlose svarâdivishaya des Comment. habe ich in srâdivishaya verändert, ebenso etayeva in eva. Ueber srâdi, d. h. sra und die übrigen, s. unter R. 97. Ob sich die Bestimmung, dass der anusvâra nach e i n e r mâtrâ zwei messen soll, wirklich nur auf Fälle bei sra u. s. w. bezieht, wie der Comment. behauptet, muss mindestens dahin gestellt bleiben, angedeutet könnte es höchstens durch den Schluss von R. 97 sein, die er als çikshâvacanam citirt. Wozu dann aber die Worte idaṁ tu etc.? Die citirte Çikshâcandrikâ, die vom

---

*) s. hierüber die Einleitung.

**) Pâṇinîya-Çikshâ, herausgegeben von A. Weber, im 4. Bd. der „Indischen Studien“. Y. bedeutet die Yajus-, R. die Ṛik-Recension derselben.

Commentator selbst verfasst ist, ist bis jetzt noch nicht bekannt (vergl. Kielhorn, Remarks etc. pag. 33 und 35).

अनुस्वारस्य मात्रत्वं संयोगे परतः[1] स्थिते ।
अन्यत्राध्येतृभिः सर्वैर्द्विमात्रः परिकीर्तितः ॥ १३ ॥

[1] M.S. °परत

saṁyoge paratah[1] sthite 'nusvârasya mâtratvaṁ parikîrtitam anyatra saṁyogaparatvâbhâvasthale 'nusvâro[2] dvimâtraḥ parikîrtito 'dhyetṛibhiḥ sarvaiḥ. pûrvoktam evodâharaṇam.

[1] M. S. parata. [2] °svârasya.

13. Ein anusvâra hat den Wert von einer mâtrâ, wenn eine Consonantengruppe folgt, sonst hat er den Wert von zwei mâtrâ, so ist von allen Lehrern verkündet.

Diese Regel enthält also eine noch andere Lehre wie R. 11 und 12.

अनूष्मप्रकृतेः[1] स्पर्शादुत्तमेऽनुत्तमाद्यमान् ।
वर्णयन्त्यानुपूर्व्येण वर्णक्रमविचक्षणाः ॥ १४ ॥

[1] M.S. °ते स्पर्शा°

anûshmaprakṛiter anuttamât sparçâd uttame pare sati varṇakramavicakshaṇâ yamân ânupûrvyeṇa varṇayanti. yathâ: somena tvâ tana*cm*i[1] (I, 1, 3, 1), granthiṁ gra*thn*âtu (I, 1, 2, 2), ya*jñ*asya ghoshat (I, 1, 2, 1), a*ghn*yâd eva bhâgam (?). na vidyata ûshmaprakṛitir yasyânûshmaprakṛiter iti kim? yac *chm*açruṇaḥ (II, 1, 1, 5).

[1] M. S. tanucmi.

14. Wenn auf eine muta, die nicht aus einem ûshman hervorgegangen und nicht nasal ist, eine nasale folgt, so treten die yama ein in der entsprechenden Reihenfolge, so sagen die, die kundig sind der Lehre von den Lauten.

Ueber diese yama-Einschiebung haben sich schon die Herausgeber der Prât. ausführlicher ausgesprochen: M. Müller,

Ṛigv. Prât. pag. CXXII ff., Regnier, J. A. tome 9 pag. 233 ff., Whitney, Ath. Prât. pag. 393 ff. Die Bestimmung findet sich auch überall gleichmässig: Taitt. Prât. XXI, 12, Vâj. Prât. IV, 160, Ṛigv. Prât. VI, 8—9, Ath. Prât. I, 99. M. Müller und Regnier a. a. O. meinen nun beide, dass die yama nasale Laute seien, die sich mit einem sparça in der betr. Lage verbänden, und zwar, wie Regnier sagt, der Gruppe vorhergehen und ihren Laut andeuten. Aehnlich M. Müller: „wie man im Deutschen den Namen Agnes entweder Ag-nes oder Ang-nes ausspricht, so sollte man im Sanskrit statt Ag-ni Ang-ni sagen.“ Nach dem Wortlaute der Regel im Ṛigv. Prât. ist diese Auffassung auch sehr wohl möglich. Die Ausdrücke in sonstigen Werken belehren uns jedoch eines anderen. Whitney, Ath. Prât. pag. 394, (vergl. auch die Anm. auf dieser Seite) setzt in ausführlicher Weise auseinander, dass die yama Laute sind, welche zwischen sparça und Nasal eingeschoben werden, und der Wortlaut der Regel (Ath. Prât. I, 99), sowie die Erklärung des Comment. lassen über die Richtigkeit dieser Behauptung keinen Zweifel, ebenso wie die Regel Taitt. Prât. XXI, 12. Dagegen lässt Vâj. Prât. IV, 160 wieder für beide Auffassungen Raum, ebenso M. Ç. XI, 2, denn beide lehren nur, dass, wenn eine nicht nasale muta und eine nasale zusammentreffen, Brechung der ersteren resp. yama eintreten soll. Der Wortlaut unserer Regel, sowie V. Ç. fol. 95^b, 4 würden uns ebenfalls zweifelhaft lassen, wenn uns hier nicht eine Interpretationsregel der indischen Grammatik zu Hülfe käme. Nâgojîbhaṭṭa's Paribhâshenduçekhara *), Paribhâshâ 70 giebt die Vorschrift: ubhayanirdeçe pañcamînirdeço balîyân, d. h. wenn in einer Regel zwei Ausdrücke, der eine im Ablativ, der andere im Locativ stehen, so hat der Ablativ die grössere Kraft. Das bedeutet für unsere Regel: die yama müssen n a c h dem nicht nasalen sparça (anuttamât sparçât) stehen, also zwischen beiden Consonanten. Ausserdem lehren nun aber N. Ç. II, 2, 8 und in fast wörtlicher Uebereinstimmung Ç. S. fol. 12^b, 1—2, dass die yama z w i s c h e n (madhye!) sparça und

*) ed. Kielhorn in der Bombay Sanskrit Series.

Nasal treten. Die Erklärung, die Whitney a. a. O. seinerseits über die yama giebt, erfährt, wie mir scheint, sowohl durch Vâj. Prât. VIII, 29, als auch durch Y. Ç. fol. 17ª, 4 ihre volle Bestätigung. Whitney meint, dass z. B. bei einem Worte wie âtman zwischen t und m eine Art Nasal entsteht, der den Uebergang bildet von t zu m. An den beiden angeführten Stellen nun werden beim Alphabet die yama durch kuṁ, khuṁ, guṁ, ghuṁ ausgedrückt. Allem Anschein nach soll hier u die Aussprache des nasal-artigen, dumpfen Lautes andeuten, der sich zwischen einem nicht nasalen und einem nasalen sparça bildet und der den Namen yama hat. Die vier gutturale sind als Beispiele der vier nicht nasalen Consonanten eines varga angeführt, hinter denen jedesmal der entsprechende der vier yama eintritt: der erste hinter der tenuis, der zweite hinter der tenuis aspir. u. s. w. Die zwanzig yama, von denen der Comment. zu Ṛigv. Prât. I, 20 spricht, haben wohl nur in der Theorie bestanden, der Comment. zu V. Ç. fol. 95ᵇ, 8 meint sogar, „die andere Çikshâ" habe 25 yama! Welche diese andere ist, weiss ich nicht. M. Ç. XI, 2 nennt ausdrücklich 4 yama, ebenso V. Ç. fol. 5ª, 1, Y. Ç. a. a. O. und unsere Çikshâ R. 123.

dvitvanishedha ucyate:

प्राप्तौ यत्र[1] निवर्तेत द्वित्वं तदधुनोच्यते ।
स्वरेभ्यः प्रथमात्पूर्व ऊष्मा चैव विसर्गरौ ॥ १५ ॥

[1] M. S. यत्त

svarebhyaḥ pûrvaḥ prathamât pûrvaç coshmâ dvitvaṁ nâpadyate. visargarephau ca dvitvaṁ nâpadyete yathâ: va*rsha*-vṛiddham (I, 1, 2, 1), ba*rhi*ḥ (VI, 2, 4, 5), pratyu*sh*ṭam (I, 1, 2, 1), pu*r*a*s*ṭât (V, 7, 6, 1), mana*ḥ* ks*h*eme (V, 2, 1, 7), ghanâghana*ḥ* ks*h*obhaṇaḥ (IV, 6, 4, 1), û*r*mid*r*ap-*s*aḥ (IV, 3, 4, 3), û*r*k ca me (IV, 7, 4, 1).

15. Wo die Verdoppelung, die nach den Regeln eintreten sollte, nicht eintritt, das wird jetzt gesagt.

Ein ûshman vor einem Vocal oder einer tenuis, ein visarga und r (werden nicht verdoppelt).

Dieselben Bestimmungen bringt Taitt. Prât. XIV, 15—17; die Nichtverdoppelung eines ûshman vor tenuis wird dort als specielle Lehre des Plâkshi und Plâkshâyaṇa genannt. Ath. Prât. führt diese Bestimmung überhaupt nicht mit auf, die übrigen Fälle jedoch III, 29, 31, 32. Vâj. Prât. IV, 112 führt nur die Bestimmung über visarga an. Ṛigv. Prât. weiss ebenfalls nichts von dem ûshman vor einer tenuis.

अनुत्तमात्स्ववर्गीयात्सवर्णात्पूर्वतः[1] स्थितः ॥ १६ ॥

[1] M.S. °वत

anuttamât svavargîyât pûrvataḥ[1] sthitaḥ svavargîyaḥ savarṇât pûrvataḥ[1] sthitaḥ savarṇaç ca dvitvaṁ nâpadyate. yathâ: ahnâ*ṁ k*etuḥ (II, 4, 14, 1), sa*ṁ t*vâ si*ñc*âmi (I, 6, 1, 1), agâ*d dh*ishaṇâ (I, 1, 2, 1), madhuma*tt*amâ ma*nd*râḥ (I, 1, 3, 1), purastâ*d d*evebhyaḥ (I, 1, 2, 1), [devabarhiḥ çatava*lç*aṁ viroha (I, 1, 2, 1), ka*lpâñ j*uhoti (V, 4, 8, 5), a*lp*â enam (VI, 5, 9, 3 u. 4), vibhûdâ*vn*e (III, 5, 8, 1), dadhikrâ*vṇ*aḥ (I, 7, 8, 3).]

[1] M.S. °vata.

16. Der vor einem nicht nasalen Consonanten derselben (Muten-) Reihe oder vor einem gleichlautenden stehende Consonant (wird nicht verdoppelt).

Ausser dem Ṛigv. Prât. findet sich diese Regel in allen Prât.: Taitt. Prât. XIV, 23 und 24, Vâj. Prât IV, 108 und 113, Ath. Prât. III, 30. Letzteres sagt nur, dass die Verdoppelung nicht eintritt, wenn ein Consonant aus derselben Reihe folgt. Den Unterschied zwischen svavargîya (Taitt. Prât. hat savarg.) und savarṇa zeigt der Comment. zu Taitt. Prât. a. a. O.: savargîya: z. B. ñ und c, savarṇa: tt, pp etc.

Falls die Beispiele devabarhiḥ bis dadhikrâvṇaḥ nicht etwa bloss durch einen Irrtum des Schreibers aus R. 2 an diese Stelle geraten sind, muss man annehmen, dass hier die zweite Bestimmung ausgefallen ist, dass l und v vor Consonant nach der Ansicht einiger nicht verdoppelt werden, wie auch Taitt. Prât. XIV, 3 vorschreibt.

नकारश्च पदान्तस्थो यवह्कात्पूर्वतः[1] स्थितः ।

[1] M.S. °वत

yavahât pûrvataḥ[1] sthitaḥ padântanakâraç ca dvitvaṁ nâpadyate. asmin yajñe (II, 6, 12, 6), etân vâ aruṇaḥ (?), etân homân (I, 5, 4, 4).

[1] M.S. °vata.

एवमूष्मादयो वर्णा उक्ता द्वित्वविवर्जिताः ॥ १७ ॥

evam anena prakâreṇa dvitvena vivarjitâ ûshmâdaya ûshmavisarjaniyâdayaḥ sarva uktâ ity arthaḥ. nanûktâ eveti nopapadyate yata ûshmâghosho hâritasya, rephaparaç ca hakâro, latavargau yavakâraparâv iti dvitvavivarjitânâṁ[2] prâtiçâkhye nirûpitânâm aghoshoshmâdinâm anuktir itîmâṁ çaṅkâm apanudann âha.

[1] M.S. °vata. [2] °jitena.

17. Ebenso der Buchstabe n, wenn er final ist, (wird nicht verdoppelt) vor y, v und h.

So sind nun die ûshman und die übrigen Laute, die von der Verdoppelung frei sind, aufgezählt.

Ueber die Lehre von der Verdoppelung des finalen n s. das unter R. 4 gesagte. Zu der zweiten Hälfte der Regel bemerkt der Comment.: es ist unberechtigt zu sagen, alle von der Verdoppelung freien Laute seien nun genannt, denn die Taitt. Prât. XIV, 18, 19, 21 aufgeführten Laute sind hier nicht erwähnt; allein diese Bedenken werden in dem nun folgenden beseitigt. Aber dieses folgende fehlt. Offenbar ist hier ein Vers ausgefallen, der über die Unvollständigkeit Aufschluss geben sollte.

Svarabhaktilakshaṇaṁ vaktukâmaḥ san svarabhakter ṛikârântarbhûtatvenopodghâtaprakriyayâ stutipuraḥsaram ṛikârasvarûpam[1] âha:

[1] M.S. °svaram.

ऋकारस्य स्वरूपं तद्बुद्ध्वा[1] बोद्धुं हि शक्यते ।
स्वरभक्तिर्[2] अतो[3] विद्यादृकारमिह विस्तरात् ॥ १८ ॥

[1] M.S. °बुध्वा [2] Dieser Halbvers steht im M.S. vor den Worten yataḥ prasiddham etc. [3] °भक्तिम°

ṛikâre tat prasiddhaṁ svarûpaṁ buddhvâ[1] boddhuṁ çakyate. tataḥ kim ity ata âha: yataḥ prasiddhaṁ svarûpam ataḥ kâraṇâd ṛikâram eva vistarât svarabhaktiṁ vidyâd, vyañjanodayatvasvarodayatvâdivistarâd ity arthaḥ.

[1] M.S. budhvâ.

18. Wenn man den Charakter des Buchstabens ṛi kennen gelernt hat, so wird man in den Stand gesetzt, die svarabhakti kennen zu lernen. Deshalb soll man zunächst ausführlich wissen, was der Buchstabe ṛi ist.

Der Text dieser Regel muss schon von Alters her fehlerhaft gewesen sein, da sie auch der Comment. völlig missverstanden hat. Statt svarabhaktim ist offenbar svarabhaktir zu lesen, denn nur so ergiebt sich eine deutliche Construction und ein richtiger Inhalt. Natürlich können dann auch die beiden Vershälften nicht mehr getrennt werden, wie es im M.S. geschieht. Nach dem Text des M.S. und der Erklärung des Comment. wäre der Buchstabe ṛi selbst die svarabhakti, das ist aber nicht der Fall, wie die folgenden Regeln ausführlich zeigen werden.

Tat svarûpaṁ kim ata âha:

ऋकारस्य स्वरूपं हि श्लिष्टं पादचतुष्टयम् ।

pâdacatushṭayâtmakaṁ çlishṭaṁ sad ṛikârasya svarûpam hîty arthaḥ. tataḥ kim ity ata âha:

पादेषु तेषु विज्ञेयावाद्यावन्त्ये स्वरात्मकौ ।
अणू रेफस्य मध्ये तु विज्ञेयौ व्यञ्जनात्मकौ ॥ १९ ॥

teshu pâdeshv âdyantau pâdau svarâtmakâv iti vijñeyau, madhye vidyamânau pâdau rephasya saṁbandhinâv aṇû vyañjanâtmakau vijñeyâv ity arthaḥ.

19. Der Charakter des Buchstabens ṛi besteht nämlich darin, dass ṛi vier mit einander verbundene Teile enthält. Unter diesen Teilen, muss man wissen, haben die beiden am Anfang und Ende vocalischen Charakter. Die beiden in der Mitte aber, muss man wissen, haben consonantischen Charakter, sie sind nämlich Viertel-mâtrâ's von r.

Tataḥ kim ity ata âha:

रेफस्य चादिभूतं हि पादं पूर्वेण योजयेत् ।
स्वरात्मकेन पादेन ह्युत्तरेणोत्तरं तथा ॥ २० ॥

rephasyâdibhûtaṁ pâdaṁ pûrveṇa svarapâdena yojayet svarâtmakenottareṇa pâdenottaraṁ rephapâdaṁ yojayed ity arthaḥ.

20. Und zwar möge man den ersten Teil des r mit dem ersten, ebenso den letzteren Teil mit dem letzteren vocalischen Teile verbinden.

Tataḥ kim ity ata âha:

स्वरपादान्वितौ पादौ स्वरभक्तिरितीरितौ ॥ २१ ॥

svarapâdânvitau rephapâdau svarabhaktir itîritâv ity arthaḥ. tathâ ca svarabhaktir dvividhâ jâtâ: pûrvabhâgasvarabhaktir uttarabhâgasvarabhaktir iti ca. tathâ ca pûrvabhâgasvarabhakter vyañjanodayatvam uttarabhâgasvarabhakteḥ svarodayatvam iti mantavyam.

21. Die mit dem vocalischen Teile verbundenen beiden Teile sind die svarabhakti, so ist gelehrt.

Zu 19—21: Diese genaue Definition der svarabhakti findet sich weder in den Prât., noch auch in einer der anderen Çikshâ's, die ich herangezogen. Nur N. Ç. II, 6, 3 wird gesagt ṛivarṇe pṛithag rephaḥ, was auf ähnliche Anschauungen schliessen lässt. Der Comment. zu Tait. Prât. XXI, 15 citirt dieses ganze System und schreibt seine Erfindung dem Vararuci zu (vergl. über diesen Whitney, Taitt. Prât. pag. 7). Indessen wird die Zweiteilung der svarabhakti auch in anderen Çikshâ's übereinstimmend aufgeführt. Ueber die beiden entsprechenden Ausdrücke saṁvṛitâ und vivṛitâ s. unter R. 24. Die Prât. haben nichts von einer solchen Zweiteilung, Ṛigv. Prât. VI, 13 ist eine hiervon völlig verschiedene Teilung.

Was den Laut der svarabhakti selbst anlangt, so vergl. dazu Whitney, Ath. Prât. pag. 397 f. Es ist ein Teilvocal, der eingeschoben wird zwischen r und ûshman (s. die folgenden Regeln), um den Uebergang von einem zum andern zu ermöglichen. Ath. Prât. I, 101, Taitt. Prat. XXI, 15 und N. Ç. II, 6, 8 nehmen nur eine svarabhakti zwischen r und ûshman an, Ṛigv. Prât. VI, 13 zwischen r und Consonant, dagegen Vâj. Prât. IV, 16, sowie V. Ç., Ç. S., C. Ç. und Y. Ç., (s. auch unsere R. 26) auch zwischen l und ûshman. Die Entstehung dieser l-svarabhakti wird man sich dann in analoger Weise denken müssen wie bei r. Vâj. Prât. und Ṛigv. Prât. a. a. O. geben den Laut der svarabhakti einfach als ṛi (resp. ḷi) an. Vergl. auch Pratijñâs. 14—16, wonach r und l vor ûshman wie re und le zu sprechen sind. Man vergleiche übrigens die verschiedenen Ansichten über die svarabhakti in Ṛigv. Prât. VI, 14, wonach einige dieselbe überhaupt läugnen.

Die pûrvabhâgasvarabhakti resp. uttarabhâgasv. ist natürlich, wie auch der Comment. sagt, die vyañjanodayâ resp. svarodayâ.

Hakâre pûrvabhâga ity âha:

ह्कारे पूर्वभागः स्यादुत्तरः शषसेषु च ।

hakâre parataḥ pûrvabhâgo rephasya syâd rephântâ svarabhaktir bhaved ity arthaḥ. çaç ca shaç ca saç ca teshu parabhûteshûttaro rephasya bhâgaḥ syâd rephâdiḥ svarabhaktir bhaved ity arthaḥ. svarabhakteḥ svarûpam uktvâtha pañcavidhety âha:

करेणुः कर्विणी चैव हरिणी हारितेति च ।
हंसपदेति विज्ञेयाः पञ्चैताः स्वरभक्तयः ॥ २२ ॥

[1] M.S. °पाद°

spashṭam.

22. Vor dem Buchstaben h findet die (svarabhakti) des früheren Teiles statt, die des letzteren vor ç, sh und s. kareṇu, karviṇî, hariṇî, hâritâ und haṁsapadâ, muss man wissen, heissen die fünf svarabhakti.

Svarabhaktînâṁ lakshaṇam âha: [1]

करेणू रहयोर्योगे कर्विणी लहकारयोः ।
हरिणी रशसानां च हारिता लशकारयोः ।
या तु हंसपदा नाम सा तु रेफषकारयोः ॥ २३ ॥

spashṭam. yathâ kareṇuḥ: devaba*rh*iḥ (I, 1, 2, 1). karviṇî: ma*lh*â âlabheta (II, 1, 2, 4). hariṇî: yad da*rç*apûrṇamâsau (II, 5, 6, 1), yajñasyaiva tad ba*rs*am (II, 5, 7, 1). hâritâ: çatava*lç*aṁ viroha (I, 1, 2, 1). haṁsapadâ: va*rsh*avṛiddham asi (I, 1, 2, 1).

[1] M.S. âhuḥ, aus âha corrigirt.

23. Die kareṇu erscheint beim Zusammentreffen von r und h, karviṇî bei l und h, hariṇî bei r und ç oder s, hâritâ bei l und ç. Die aber, die haṁsapadâ heisst, erscheint bei r und sh.

Zu 22—23: Die Bestimmung im ersten Halbverse von R. 22 wird in R. 24 noch besonders behandelt.

Von den Prât. zählt keines diese fünf svarabhakti auf, wohl aber findet sich R. 22 von dem Worte kareṇuḥ an und R. 23 mit Hinzunahme eines vierten Halbverses, wörtlich Ç. S. fol. 1[b], 8—2[a], 3, wo jedoch statt karviṇî einmal karishiṇî und einmal karishiṇi gelesen wird; da dies indessen beidemal nicht in den Vers passt, so ist wohl in karshiṇî zu ändern, das sich fol. 2[a], 6 findet, wenn man nicht auch dies als Schreibfehler für karviṇî betrachten will. Diese Verse des Ç. S. werden auch vom Comment. zu Taitt. Prât. XXI, 15 citirt.

Ueber die Bestimmungen für die einzelnen svarabhakti weichen die Çikshâ's ziemlich bedeutend unter einander ab, doch zeigt M. Ç. IX, 11—13 fast wörtliche Uebereinstimmung mit unseren beiden Regeln, nur beschränkt sie die hariṇî auf r-sh (R. 23 bezieht sie gerade auf r-ç und r-s), statt kareṇu hat sie den Namen kariṇî und neben haṁsapadâ auch die Bezeichnung kâkinî.

Svarabhakteḥ prayatnabhedâdikam âha:

हकारे संवृतां विद्यादिवृतामितरत्र तु ।

hakâre vidyamânâṁ[1] svarabhâktim saṁvṛitâṁ vidyât, itaratra çashaseshu vidyamânasvarabhaktiṁ vivṛitâṁ vidyât.

हकारे व्यञ्जनोदयां शषसेषु स्वरोदयाम् ॥ २४ ॥

hakâre vidyamânâṁ[1] svarabhaktiṁ vyañjanodayâṁ vidyât. çashaseshu vidyamânâṁ[1] svarodayâṁ vidyât.

[1] M.S. vidyamânânâm.

24. Wenn der Buchstabe h folgt, muss man wissen, ist (die svarabhakti) geschlossen, sonst jedoch geöffnet. Wenn der Buchstabe h folgt, ist sie eine, in der der consonantische Teil am Ende steht; wene ç, sh oder s folgen ist sie eine, in der der vocalische Teil am Ende steht.

Die Regel passt genau zu den Bestimmungen in R. 18—21. Zugleich sieht man daraus, dass die Ausdrücke pûrvabhâgasvarabhakti und uttarabhâgasv., vyañjanodayâ (resp. vyañjanodâ) und svarodayâ (resp. svarodâ), saṁvṛitâ und vivṛitâ alle identisch sind. Der Vers findet sich, nur mit Umstellung der einzelnen Teile, wörtlich Ç. S. fol. 2^a, 8—2^b, 1 und wird in dieser letzteren Fassung citirt im Comment. zu Taitt. Prât. XXI, 15. Ebenso stimmt der Vers N. Ç. II, 6, 8 wörtlich mit dem des Ç. S. überein. Ṛigv. Prât. I, 17 und VII, 13 bestimmt, dass die svarabhakti 1/2 resp. 1/4 mâtrâ messen soll.

Vyâvṛittir vyavahâro vâ lakshaṇasya prayojanam[1] iti nyâyena svarabhaktir evaṁ vyavahartavyety atrâha:

पूर्वस्वरस्य चाल्पत्वमित्वमुत्वमिति त्रयम् ।
एतत्सर्वं विसृज्यैव स्वरभक्तिं समुच्चरेत् ॥ २५ ॥

svarabhakteḥ pûrvasvarasyâlpatvaṁ ca svarabhakteḥ parata ikârokârau ca visṛijya svarabhaktiṁ samuccared ity arthaḥ.

[1] M.S. °namm.

25. Bei der Aussprache der svarabhakti soll man drei Dinge vermeiden: die Verkürzung des anlautenden vocalischen Teiles, den Laut i und den Laut u.

Diese Bestimmungen bringen die anderen Çikshâ's ebenfalls mit mehr oder minder grossen Abweichungen. Y. Ç. II, 15—16, N. Ç. II, 6, 9 und C. Ç. fol. 9^b, 3 geben in wörtlich mit einander übereinstimmenden Worten (nur die C. Ç. hat kleine Abweichungen) als die drei Fehler beim Sprechen der svarabhakti an: ein i, ein u und grastadosha, d. h. das Verschlucken des svarabhakti-Vocals, und zwar schreibt die Y. Ç. a. a. O, diese Lehre speciell dem Yâjñavalkya zu. Ç. S. fol. 2^b, 5—7 nennt dieselben Fehler in folgendem Verse:

svarabhaktiṁ prayuñjânas trîn doshân parivarjayet
ikâraṁ câpy ukâraṁ ca grastadoshaṁ tathaiva ca.

Dies grastadosha bedeutet offenbar dasselbe wie das alpatvaṁ pûrvasya svarasya unserer Regel und bestimmt deshalb auch die Uebersetzung desselben. Der Ausdruck findet sich in keiner anderen Çikshâ. Die V. Ç. hat auffälligerweise hierüber überhaupt nichts.

kakârâd iva svarabhaktiḥ prâkṛitâd bhavatîty âha (?):

स्वरोत्तरोष्मणः पूर्वरेफस्य स्वरभक्तिता ।
हशोत्तरो लकारश्च प्राप्नुयात्स्वरभक्तिताम् ॥ २६ ॥

svaraparoshmaṇaḥ pûrvarephasya svarabhaktitâ syât. haçaparo lakâraç ca prâpnuyât svarabhaktitâm. udâharaṇaṁ spashṭam. svarottareti kim? va*rshy*âbhyaḥ [1] svâhâ [2] (VII, 4, 13, 1).

[1] M.S. varshâbh°. [2] svâha.

26. Einem ûshman, dem ein Vocal folgt und ein r vorhergeht, soll die svarabhakti zukommen. Ebenso soll der Buchstabe l, wenn ihm h oder ç folgt, die svarabhakti erlangen.

Diese Grundregel wird auch von allen Prât. gegeben. Vâj. Prât. IV, 16 und Ath. Prât. I, 101 lehren genau dasselbe, nur ist l ausgeschlossen. Taitt. Prât. XXI, 15 ist noch allgemeiner, da es keinen Vocal hinter dem ûshman verlangt. Ganz abweichend ist Ṛigv. Prât. VI, 13, welches bestimmt, dass dem r ein Vocal vorhergehen und irgend ein Consonant folgen muss, und welches sogar die svarabhakti für jeden ghoshin mit darauf folgendem sparça oder ûshman vorschreibt. V. Ç. fol. 101^b, 4 und C. Ç. fol. 9^a, 12 bestimmen ebenfalls ausdrücklich, dass nach r und l vor ûshman svarabhakti eintritt.

Das System der svarabhakti scheint in solcher Ausführlichkeit erst ein Product der späteren Phonetik zu sein, da die Prât. alle nur sehr einfache Bestimmungen geben.

Die Worte des Comment. kakârâd iva svarabhaktiḥ prâkṛitâd bhavatîty âha sind mir in dieser Form unverständlich, vielleicht sollten sie auf die svarabhakti nach l hindeuten.

Vivṛittivirâmaḥ pañcadhâ bhidyata iti bhedena saha lakshaṇaṁ câha:

ह्रस्वादिर्वत्सानुसृतिरन्ते वत्सानुसारिणी ।
पाकवत्युभयह्रस्वोभयदीर्घा[1] पिपीलिका ॥ २७ ॥

[1] M.S. °र्घो

âdau hrasvasahitâ vyaktir vatsânusṛitiḥ. ante hrasvasahitâ vatsânusâriṇî. âdâv ante ca hrasvâ pâkavatî. âdâv ante ca dîrghâ[1] ubhayadîrghâ[2] pipîlikâ ceti dvividhâhatya pañcavidhety arthaḥ.

[1] M.S. dîrghât. [2] dîrgha.

27. (Die Pause für den Hiatus) nach einem kurzen Vocal (und vor einem langen) heisst vatsânusṛiti, die vor einem kurzen (und nach einem langen) Vocal vatsânusâriṇî, die zwischen zwei kurzen Vocalen pâkavatî, die zwischen zwei langen pipîlikâ.

Von dieser genauen Teilung des Hiatus haben die Prât. nichts, wohl aber alle Çikshâ's und fast mit denselben Worten. Innerhalb der Taittirîya-Schule zeigt sich hier wieder eine Verschiedenheit. Im Comment. zu Taitt. Prât. XXII, 13 werden zwei verschiedene Einteilungen des Hiatus citirt, die beide den Çikshâ's der Taitt.-Schule angehören. Der letzte Vers, der auch mit dem unserer Çikshâ (s. auch unter R. 29) ausser einer kleinen Abweichung wörtlich übereinstimmt, ist aus Ç. S. fol. 7ᵃ, 8—7ᵇ, 1, wo er sich in wenig correcter Fassung findet. Der andere Vers, den Whitney nur in dem M.S. W des Prât. fand, und zwar in einer sinnlosen Form (Whitney pag. 400), ist aus der V. Ç. fol. 116ᵃ, 6—8 und 117ᵃ, 5—6. Die übrigen Çikshâ's stimmen in ihrer Einteilung und Definition genau zu der unsrigen. N. Ç. II, 4, 2 und C. Ç. fol. 8ᵃ, 8—9, deren Regeln wörtlich übereinstimmen, haben den Namen vatsânusṛijâ statt vatsânusṛiti. Y. Ç. II, 9, 11, 12 und M. Ç. IX, 2—5, die ihrerseits in der Aufzählung wieder wörtlich übereinstimmen, bringen wieder etwas anders lautende Namen: Y. Ç. II, 9 vatsânusaṁsṛitâ und II, 12 statt dessen vatsânusṛijatâ, beide sollen gleich vatsânusṛiti sein. M. Ç. IX, 2 hat anusṛitavatsâ (!) und IX, 3 u. 4 vatsânusṛitâ. Ṛigv. Prât. II, 44 nennt den Hiatus zwischen zwei Vocalen, von denen der eine ein langer ist, oder die beide lang sind, einfach dîrghâ.

Die fünffache Teilung, die unser Comment. annimmt, kann man nur verstehen, wenn man R. 28 berücksichtigt. vyakti muss hier die Bedeutung vivṛitti haben, da auch der Comment. zu Taitt. Prât. XX, 6 das letztere durch das erstere erklärt.

स्वरिता यत्र दृश्यन्ते विसर्गो नैव दृश्यते ।
पिपीलिकेति विज्ञेया तदन्यो दीर्घ उच्यते ॥ २८ ॥

yasyâm vyaktau saṁhitâyâṁ svaritaḥ padakâle visarjanîyâbhâvaç ca dṛiçyate sâ pipîliketi vijñeyâ. tadanyo virâmo dîrgha[1] ucyate, ubhayadîrgha ity ucyata ity arthaḥ. çlokadvayasyâpy udâharaṇaṁ yathâ: *ta* *â*vahanti (I, 1, 2, 1), pr*aü*gam uktham[2] (IV, 4, 2, 1), pratyush*ṭâ* *a*râtayaḥ[3] (I, 1, 2, 1), praj*ắ* *e*vá tád yájamânaḥ (III. 1, 1, 1), idam ubhayadîrghasyodâharaṇam. pipîlikâyâ udâharaṇaṁ tu: v*ắ* *â*dityấḥ (II, 1, 8, 2), t*é* *e*nam abhí (II, 5, 6, 5), ityâdi. svaritâ yatra dṛiçyanta iti kim? v*ắ* *e*shá yad agniḥ (V, 1, 10, 3). visargo naiva dṛiçyata iti kim? y*â*[4] *â*viviçuḥ paruḥ paruḥ (IV, 2, 6, 4).

[1] M.S. °ubhayadîrghî. [2] °ukthyam. [3] hier folgen im M.S. noch zwei Beispiele, die zum Teil durchgestrichen sind. [4] ya.

28. Wo man svarita-Silben sieht, jedoch kein visarga ausgefallen ist, da, muss man wissen, findet eine pipîlikâ statt; der von diesem verschiedene Hiatus (zwischen zwei langen Vocalen) wird dîrgha genannt.

Diese Regel findet sich weder in einem Prât., noch in einer anderen Çikshâ. Die Definition der pipîlikâ in der vorigen Regel erfährt hier noch eine Beschränkung. Danach gehören also zur pipîlikâ zwei lange Vocale (die beiden Beispiele des Comment. haben homogene Vocale, wie es die V. Ç. verlangt, doch schreibt dies die Regel nicht vor), ferner muss einer von beiden den svarita haben und endlich darf kein visarga ausgefallen sein, wie vā́ ā́dityā́ḥ und té ènam. Zu dem dîrgha oder, wie der Comment. sagt, ubhayadîrgha (sc. virâma) aber gehören einfach zwei lange Vocale, die frei sind von den genannten näheren Bestimmungen, z. B. prajā́' evá. Hier ist der visarga von prajâḥ vor eva weggefallen und ausserdem ist kein svarita vorhanden. Die ersten Beispiele gehören zur vorigen Regel: ta âvahanti zur vatsânusṛiti, pratyushṭâ arâtayaḥ zur vatsânusâriṇî, praügam zur pâkavatî.

Vyaktînâṁ mâtrâkâlanirṇayam âha:

मात्रिका वत्सानुसृतिस्तथा वत्सानुसारिणी ।
पादोना स्यात्पाकवती पादमात्रा पिपीलिका ॥ २९ ॥

vatsânusṛitir mâtrikâ bhavati, vatsânusâriṇî[1] ca tathaiva. pâkavatî pâdonamâtrâ syât, pipîlikâ pâdamâtrâ syâd ity arthaḥ. atra sûtra ṛigvirâmaḥ padavirâmo vivṛittivirâmaḥ samânapadavivṛittivirâmas trimâtro dvimâtra ekamâtro 'rdhamâtra ity ânupûrvyeṇety anena sûtreṇa vivṛittivirâmasya sâmânyata ekamâtratve prasakte 'py ayaṁ viçeshavidhir iti mantavyam. ata evobhayadîrghâyâ[2] mâtrâkâlasyânuktatve 'py ekamâtratvaṁ vijñeyam.

[1] M.S. °sariṇî. [2] °ghâḥ.

29. Eine mâtrâ soll die vatsânusṛiti messen, ebensoviel die vatsânusâriṇî, $^3/_4$ mâtrâ die pâkavatî, $^1/_4$ mâtrâ die pipîlikâ.

Diese genauen mâtrâ-Bestimmungen habe ich nur in der Taittirîya-Schule gefunden. Wörtlich derselbe Vers wieder Ç. S. fol. 7^a, 8—7^b, 1, der auch im Comment. zu Taitt. Prât. XXII, 13 citirt wird. Ferner giebt sie der Comment. zu der unter R. 27 besprochenen Regel aus der V. Ç., bei der Erklärung der einzelnen vivṛitti. N. Ç. II,

4, 3 und C. Ç. fol. 8ª, 7, die wörtlich mit einander übereinstimmen, geben nur die allgemeine Bestimmung, dass die vivṛitti zum Teil 1 mâtrâ, zum Teil ½ m. und zum Teil ¼ m. messen.

Das sûtra, das unser Comment. citirt, ist Taitt. Prât. XXII, 13, wonach die Pause des Hiatus im allgemeinen 1 mâtrâ messen soll; hierzu ist diese Regel dann, führt er fort, eine nähere Bestimmung. Die ubhayadîrghâ, sagt er, messe deshalb 1 mâtrâ, obwohl es hier nicht gesagt sei.

Etadabhiprâyaprakâçanapûrvakam eva samânapadavivṛittivirâmasya mâtrâkâlanirṇayam âha:

विवृत्तौ पद[1]योर्मध्य एकमात्रः प्रकीर्तितः ।
पदमध्येऽर्धमात्रं स्या[2]द्विवृत्ताविति निर्णयः ॥ ३० ॥

[1] M.S. पाद° [2] स्यात् द्वि°

padayor madhye vidyamânavivṛittâv ekamâtrâkâlaḥ padamadhye vidyamânavivṛittâv ardhamâtrâkâla ity arthaḥ. anena vacanena cobhayadîrghaikamâtratvam[1]. yathâ: *vâ esha* yad agniḥ (V, 1, 10, 3), *yâ â*viviçuḥ (IV, 2, 6, 4), pra*jâ e*va tad yajamânaḥ (III, 1, 1, 1). atraikamâtratvam. pra havyam agnir amṛiteshu vocat (II, 5, 12, 5). atrârdhamâtratvaṁ vijñeyam.

[1] M.S. °dîrghâḥ eka°.

30. **Bei dem Hiatus zwischen zwei Wörtern ist das Mass eine mâtrâ, so wird gelehrt, bei dem Hiatus in e i n e m Worte ist das Mass eine halbe mâtrâ, so ist die Regel.**

Diese Regel kann man nach der vorigen nur verstehen, wenn man sie, wenigstens die erste Hälfte derselben, für eine allgemeinere Lehre hält als die eben vorgetragene. Das scheint auch der Comment. mit den Worten etadabhiprâya etc. andeuten zu wollen. Dann wäre diese Bestimmung nichts als eine Wiederholung der mâtrâ-Lehre in Taitt. Prât. XXII, 13 in Bezug auf vivṛittivirâma und samânapadavivṛittivirâma, die doch aber von der in R. 29 weit verschieden ist. So erklärt es sich auch, dass in der vorigen Regel ein Femininum (vivṛitti), hier aber ein Masculinum (virâma) als Subject angenommen ist, letzteres eben mit Anlehnung an das Prâtiçâkhya. Zur vorigen Regel stände dann diese etwa in demselben Verhältniss wie R. 13 zu R. 11 u. 12 u. wie R. 91 zu R. 90. In dem Beispiele des Comment. pra havyam agnir amṛiteshu vocat ist natürlich kein Hiatus zu sehen, und es ist nur durch eine völlig gedankenlose Anlehnung an das Prâtiçâkhya zu erklären, indem der vivṛittivirâma mit dem padavirâma verwechselt wird, der in derselben Regel behandelt wird.

Vyaktimadhyasthânusvârasya vyakteç ca mâtrâkâlaviçesham âha:

व्यक्तिमध्यस्थनासिक्यः सपादो मात्रिको भवेत् ।
व्यक्तेरस्याश्च तत्कालो भवेदिति विनिर्णयः[1] ॥ ३१ ॥

[1] M.S. °नर्णयः

vyaktimadhye vidyamâno 'nusvâraḥ pâdasahitamâtriko bhaved asyâ vyakteç ca tatkâlo bhavet sapâdamâtrâkâlo bhaved ity arthaḥ. sapâdo mâtrika ity ârsham iti mantavyam. yathâ: vidvân̐ ṛitûn (IV, 3, 13, 4), agne mahân̐ asi (II, 5, 9, 1).

31. Der in einem Hiatus stehende nâsikya soll 1 1/4 mâtrâ messen, und dieser Hiatus selbst soll ein ebensolches Mass haben, so ist die Regel.

Auch dies scheint eine specielle Lehre der Taittirîya-Schule zu sein, da sie sich nur noch Ç. S. fol. 5^b, 1—2, und V. Ç. fol. 117^a, 5—6 findet. Den incorrecten Ausdruck sapâdo mâtrikaḥ erklärt der Comment. für „vedisch“. Auffällig ist, dass die Regel (auch Ç. S.) den Ausdruck nâsikya hat, der Comment. jedoch zweimal anusvâra sagt. Vergl. das unter R. 95 gesagte. Die Beispiele zeigen auch keinen anusvâra.

Dharmarahitânusvâram âha:

नकिष्टं घ्नन्ति संज्ञानं प्रियं ज्ञातिं तथैव च ।
धूंक्ष्णा दंक्ष्णाव इत्यत्रानुस्वारोऽपि विधर्मकः ॥ ३२ ॥

spashṭo 'rthaḥ. yathâ: nakish ṭaṁ ghnanty antito na (II, 1, 11, 4), saṁjñânam (V, 2, 3, 2), vijñânam[1] (III, 4, 4, 1), priyaṁ jñâtiṁ rundhyât (?), agnaye dhûṁkshṇâ (V, 5, 19, 1), daṁkshṇavaḥ paçavaḥ (IV, 4, 3, 1).

[1] Im M.S. sind beide Worte zusammengeschrieben.

32. In nakish ṭaṁ ghnanti, saṁjñânam, priyaṁ jñâtim und ebenso in dhûṁkshṇâ und daṁkshṇavah kann auch der anusvâra gebraucht werden, er hat aber nicht die Eigenschaften, welche der eigentliche anusvâra besitzt.

Diese Bestimmung findet sich nur in unserer Çikshâ. Unter vidharmaka ist wohl zu verstehen, dass die Regeln 5, 6 und 11 in diesen Fällen auf den anusvâra nicht anzuwenden sind, d. h. derselbe wird nicht verdoppelt und hat die Quantität eines gewöhnlichen Consonanten. saṁjñânam und und vijñânam schreibt das M.S. im Comment. zusammen, doch finde ich diesen Ausdruck nicht in der Taitt. Saṁhitâ. Die Regel ist eine rein äusserliche und bezieht sich eigentlich nur auf die Schreibung des anusvâra statt des Klassennasals in den genannten Combinationen.

Udâttânudâttasvaritapracayâdînâṁ jâtinirṇayam âha:

उदात्तो ब्रह्मजातिः स्यान्नीचो राजन्य उच्यते
स्वरितो वैश्यजातिः स्यात्प्रचयः शूद्र ईरितः ॥ ३३ ॥

33. Der udâtta gehört zur Kaste der Brâhmanen, der anudâtta wird als zur Kaste der Râjanya gehörig genannt. Der svarita soll zur Kaste der Vaiçya gehören, der pracaya wird Çûdra genannt.

वर्गाणां प्रथमा वर्णाः स्वराश्च ब्रह्मजातयः ।
द्वितीयाश्च तृतीयाश्च चतुर्थाः क्षत्रजातयः ॥ ३४ ॥

अन्तस्थाश्चोत्तमाश्चैव वैश्याः खलु समीरिताः ।
अनुस्वारो विसर्गश्च ह्यूष्माणः शूद्रजातयः ॥ ३५ ॥

anusvâro visargaç ceti, cakâreṇa svarabhaktiyamâdînâṁ api saṁgrahaṇam. anyat sarvaṁ spashṭam.

34. Die ersten Buchstaben der varga und die Vocale gehören zu der Kaste der Brâhmanen, die zweiten, dritten und vierten zu der der Kshatriya.

35. Die antasthâ's und die letzten (Buchstaben) werden als Vaiçya aufgeführt, anusvâra und visarga, sowie die ûshman gehören zu der Kaste der Çûdra.

Jâtinirṇayasya prayojanam âha:

यज्जातिहनने दोषस्तज्जातिहननं भवेत् ।

spashṭam. vedapâṭhakadosham âha:

गीती शीघ्री शिरःकम्पी तथा लिखितपाठकः ।
अनर्थज्ञोऽल्पकण्ठश्च षडेते[1] पाठकाधमाः ॥ ३६ ॥

[1] M.S. °डैते

anarthajña iti, udâttâdijñânaçûnya ity arthaḥ. kuta ity ukte yaj jâtihanane doshas taj jâtihananaṁ bhaved ity udâttâdijñânasya doshaçravaṇât.

gurutvaṁ laghutâ sâmyaṁ hrasvadîrghaplutâni ca
lopâgamavikârâç ca prakritir vikramaḥ kramaḥ
svaritodâttanîcatvaṁ çvâso nâdo 'ṅgam eva ca
etat sarvaṁ tu vijñeyaṁ chandobhâshâm adhîyatâ,

iti vijñeyatvavidhânâc ca, anyathâ yâvadarthajñânasyâsambhavâd yatkiṁcidvedârthajñânasya tu sarveshâm api sambhavâd anarthajñatvasyaivâsambhavâpatter iti mantavyam. spashṭam anyat.

36. Dieselbe Sünde, die man begeht, wenn man (den Mann) einer Kaste vernichtet, die begeht man, wenn man (den Laut) einer Klasse vernichtet.

Wer singend oder hastig recitirt, den Kopf bewegt oder geschriebenen Text benutzt, wer den Sinn nicht versteht oder zu leise recitirt, diese sechs sind die schlechtesten unter den Recitatoren.

Derselbe Gedanke wie in dem ersten Teile dieser Regel ist deutlicher ausgedrückt V. Ç. fol. 127ª, 2:

yad anyajâtir ucyate tat tatsaṁhârako bhavet,

d. h. eben, wenn man Accente, Buchstaben etc. in falsche Klassen bringt oder ganz verschluckt.

Der Vers gîtî etc. findet sich wörtlich auch Pâṇ. Ç. R. 32. Y. Ç. I, 29—30 nennt vierzehn Fehler beim Recitiren; die einzelnen Verse in dieser Çikshâ von 25 an stimmen fast alle wörtlich überein mit den betr. Versen der Pâṇ. Ç. Weber, Ind. Stud. 4. Bd. pag. 268 ff.

anarthajña erklärt der Comment. durch udâttâdijñânaçûnya und begründet dies folgendermassen: einmal wird in dem vorhergehenden halb-çloka yaj jâtihananam etc. von der Sünde gesprochen, die man begeht, wenn man Accente u. s. w. (udâttâdi) nicht kennt resp. falsch behandelt. Dann aber wird in den beiden çloka gurutvam etc. alles aufgezählt, was ein Recitator wissen muss, aber der artha wird nicht erwähnt. Ein völliger Mangel an Kenntniss des artha (anarthajñatva) ist ja auch gar nicht möglich, denn etwas verstehen alle, den ganzen Sinn aber zu kennen ist unmöglich. Folglich kann artha in dieser Regel nicht „Sinn" bedeuten. Dieser ganze Beweis des Comment. kann mich indess nicht überzeugen, denn Stellen wie R. 94, sowie Y. Ç. I, 41:

jñâtavyaç ca tathaivârtho vedânâṁ karmasiddhaye

weisen zu deutlich darauf hin, dass der Sinn nicht so vernachlässigt wurde, wie der Comment. anzunehmen scheint. Vergl. auch den Streit zwischen Yâska und Kautsa, Nirukta I, 15 darüber, ob die heiligen Lieder einen Sinn haben oder nicht.

Die beiden vom Comment. citirten çloka finden sich auch Taitt. Prât. XXIV, 5 und Ṛigv. Prât. I, 5—6, in letzterem zeigt der zweite çloka eine kleine Abweichung.

Pâṭhakaguṇân âha:

माधुर्यमक्षरव्यक्तिः पदच्छेदस्तु सुस्वरः ।
धैर्यं लयसमर्थं च षडेते[1] पाठका गुणाः ॥ ३७ ॥

[1] M.S. °डैते

spashṭam.

37. Lieblichkeit, deutliche Aussprache der Silben, Trennung der Worte, richtiger Accent, Ruhe und Verständniss für den richtigen Tact, diese sechs sind die Vorzüge bei dem Recitator.

Derselbe Vers findet sich auch Pâṇ. Ç, R. 33. dhairya übersetzt Weber, Ind. Stud. 4. Bd. pag. 271 mit „Verständniss".

Vedâdhyayanahînaṁ dûshayati:

योऽनधीत्य द्विजो वेदानन्यत्र कुरुते श्रमम् ।
स जीवन्नेव शूद्रत्वमाशु गच्छति सान्वयः ॥ ३८ ॥

spashṭam.

38. Der Zweigeborene, der, ohne die Veden studirt zu haben, sich mit anderem beschäftigt, der gelangt schnell schon bei Lebzeiten sammt seiner Nachkommenschaft in die Kaste der Çûdra.

Der Vers ist aus Manu, II, 168 citirt.

Vedavidyârahitavidyâjâlam anarthakam ity âha:

वेदविद्याविहीनस्य विद्याजालमनर्थकम् ।
कण्ठसूत्रविहीनायाः कामिन्या इव भूषणम् ॥

spashṭam[1]. âcârahînaṁ vedâdhyayanaṁ vedâ na punanti pratyuta mṛityukâla enaṁ purushaṁ tyajanti[2] yathâ jâtapakshâḥ pakshiṇo nîḍaṁ tyajanti tathety âha:

[1] M.S. yathâspashṭam. [2] °jantî.

आचारहीनं न पुनन्ति वेदा यद्यप्यधीताः सह षड्भिरङ्गैः ।
छन्दांस्येनं मृत्युकाले त्यजन्ति नीडं शकुन्ता इव जात-
पक्षाः ॥ ३९ ॥

spashṭam.

39. Das Gewebe der Wissenschaft dessen, der ohne Wissenschaft des Veda ist, ist wertlos, wie der Schmuck eines verliebten Weibes, die ohne Halsschnur ist.

Wer des guten Lebenswandels entbehrt, den läutern die Veden nicht, auch wenn sie von ihm studirt sind sammt den sechs Añga; die heiligen Lieder verlassen ihn in der Stunde des Todes, wie das Nest die Vögel, wenn ihnen die Flügel gewachsen sind.

Hrasvadîrghaplutâdayo mâtrâviçeshayuktâ ity âha:

एकमात्रो भवेद्ध्रस्वो द्विमात्रो दीर्घ उच्यते ।
त्रिमात्रस्तु प्लुतो ज्ञेयो व्यञ्जनं त्वर्धमात्रकम् ॥ ४० ॥

hrasva ekamâtrâkâlayukto, dîrgho dvimâtrâkâlayuktaḥ, plutas tu trimâtrâkâlayukto, vyañjanaṁ tv ardhamâtrâkâlayuktam ity arthaḥ.

40. Eine mâtrâ soll der kurze Vocal messen, zwei mâtrâ misst der lange, drei mâtrâ aber enthält der plutirte, der Consonant jedoch eine halbe mâtrâ.

Diese mâtrâ-Bestimmungen haben auch alle Prât. gleichmässig: Taitt. Prât. I, 33, 35—37. Vâj. Prât. I, 56—59. Ṛigv. Prât. I, 16. Ath. Prât. I, 59—62. Letzteres allein schreibt dem Consonanten eine ganze mâtrâ zu. Wörtlich denselben Vers wie unsere Çikshâ hat Y. Ç. I, 15. Das Zeitmass einer mâtrâ bestimmt V. Ç. fol. 114ᵇ, 4 als so lang wie das Spreizen der Finger dauert, ebenso Ç. S. fol. 7ᵃ,

2—4, wo ausserdem „das Blinzeln des Auges eines gesunden, bequem sitzenden (sûkhâsîna) Mannes“ als Mass einer mâtrâ angenommen wird, und zwar wird diese Bestimmung dem Nârada zugeschrieben.

Mâtrâkâlasya nirṇayam âha:

चाषो रौत्येकमात्रं द्वि द्विमात्रं वायसोऽब्रवीत् ।
शिखी रौति त्रिमात्रं तु नकुलस्त्वर्धमात्रकम् ॥ ४१ ॥

spashṭam.

41. Der Schrei des Hähers beträgt eine mâtrâ, zwei mâtrâ der Ruf der Krähe, der Schrei des Pfaues misst drei mâtrâ, der des Iltis eine halbe mâtrâ.

Der nämliche Vers findet sich Ṛigv. Prât. XIII, 20. M. Müller pag. CCLXXIV f. und Regnier, J. A. tome II, pag. 326 f. Die Lesarten sind in den M.S.S und auch in den beiden Ausgaben verschieden. Beide Herausgeber halten jedoch den Vers für eingeschoben. Regnier a. a. O. hat sich über die einzelnen Tiere und deren Schrei von Fachleuten unterrichten lassen und gefunden, dass der Vergleich sehr wohl angebracht sei. Der Schrei des nakula wird ausser in unserer Çikshâ nur noch in zwei M.S.S. des Ṛigv. Prât. (s. M. Müller und Regnier a. a. O.) genannt. Die übrigen Çikshâ's, die alle mehr oder minder wörtlich mit einander übereinstimmen, haben ihn nicht.

Antasthâsu parâsu hakâra[1] auraso bhavati. uttameshu pareshu satsu nâsikyatvam adhikaṁ bhavatîty âha:

हकारमौरसं विद्यादन्तस्थासु परासु च ।
उत्तमेषु परेष्वेवं नासिक्यत्वमिहाधिकम् ॥ ४२ ॥

yathâ: ba*hv*îr yajamânasya (I, 1, 1, 1), pra*hr*iyamâṇâya (VI, 3, 5, 4), mahân *hy* eshaḥ (II, 5, 9, 1). a*hn*âṁ ketuḥ (II, 4, 14, 1), bra*hm*avâdinaḥ (I, 7, 1, 4) ityâdi.

[1] M.S. °ro.

42. Der Buchstabe h wird mit der Brust gesprochen, wenn ein Halbvocal darauf folgt, ebenso wenn

ein Nasal darauf folgt, aber in diesem Falle ist er ausserdem nâsikya.

Der zweite Teil dieser phonetischen Regel ist alt und allgemein, denn er findet sich bereits Ath. Prât. I, 100 und Taitt. Prât. XXI, 14. In beiden wird gelehrt, dass zwischen h und nachfolgendem Nasal ein nâsikya eingeschoben werden soll. Der Comment. zu Taitt. Prât. erklärt diese Regel jedoch so, dass der nâsikya in dem h selbst liege, nicht ihm folge. Im Grunde ist natürlich zwischen den beiden Auffassungen kein Unterschied. Die übrigen Çikshâ's weichen etwas ab, auffälligerweise auch der Ç. S. fol. 11[b], 6—7: dort, sowie Y. Ç. fol. 14[a], 4—6, C. Ç. fol. 9[a], 7—8 und Pân. Ç. Y. 7 findet sich der Vers:

bakâraṁ pañcamair yuktam antaḥsthair vâpi saṁyutam
aurasam (C. Ç. aurasyam. Ç. S. urasyam) taṁ vijânîyât, kaṇṭhyam âhur asaṁyutam.

Danach wäre der Laut des h vor Halbvocal oder Nasal in gleicher Weise Brustton, allein diese beiden Laute sind phonetisch wohl zu scheiden, weshalb wohl die Lehre unserer Çikshâ als die genauere vorzuziehen ist. Vergl. übrigens hierzu R. 83 und Weber, Ind. Stud. 4. Bd. pag. 350. Ç. S. fol. 10[a], 5—6 hat noch die Bestimmung, dass der nâsikya hinter dem h nur mit gelindem Hauche gesprochen werden solle.

Taittirîyaçâkhâyâm anusvârasyâdyardho[1] gakâraḥ syâd ity âha:

अध्याये तैत्तिरीयाणामनुस्वारो यदा भवेत् ।
तदाद्यर्धो[1] गकारः स्यादपरस्त्वनुनासिकः ॥ ४३ ॥

[1] M.S. °र्ध

spashṭam. yathâ: pratyushṭaṁ rakshaḥ (I, 1, 2, 1).

[1] M.S. ardha.

43. Wenn in einer Recitation der Taittirîya-Schule ein anusvâra vorkommt, so soll die erste Hälfte desselben ein g-Laut sein, die letzte aber nasal.

Diese phonetische Zerlegung des anusvâra ist sehr ansprechend und giebt ein deutliches Bild von der Aussprache desselben. Derselbe Vers findet sich Ç. S. fol. 5ª, 7—8. Für das unverständliche âdyardha des M.S. in Text und Comment. habe ich das -ardho des Ç. S. eingeführt.

Lakâravakârayoḥ saṁyoge svaritaç cet tat saṁyuktau bhavataḥ, anyathâsaṁyuktau[1] bhavata ity âha:

लकारश्च वकारश्च संयोगे स्वरितो यदि ।
संयुक्तौ तु तदा ज्ञेयावसंयुक्तौ तदन्यथा ॥ ४४ ॥

yathâ: táto bi*l*va údatishṭhat (II, 1, 8, 2), atra saṁyuktau. bai*lv*ó yū́po bhavati (II, 1, 8, 1), atrâsaṁyuktau.

[1] M.S. °yukto.

44. Wenn l und v eine Consonantengruppe bilden und der svarita dabei ist, so sind sie mit einander verbunden, so muss man wissen, sonst sind sie unverbunden.

Diese Aussprache-Regel findet sich nirgend weiter als Ç. S. fol. 10ᵇ, 1. Sie wird citirt in dem M.S. O des Taitt. Prât. XIV, 26. Whitney pag. 310.

Padântasya nakârasya yavaheshu pareshu satsu nakârayavahânâṁ câsaṁyuktatvaṁ vijñeyam ity âha:

पदान्तस्य नकारस्य यवहेषु परेषु वै ।
नकारयवहास्तत्र ह्यसंयुक्ताः प्रकीर्तिताः ॥ ४५ ॥

yathâ: asmi*n* *y*ajñe (II, 6, 12, 6), etâ*n* *v*â aruṇaḥ (?), etâ*n* *h*omân (I, 5, 4, 4) ityâdi.

45. Wenn auf ein finales n y, v oder h folgen, so bleiben n und y, v oder h unverbunden, so wird gelehrt.

Was unsere Regel hier asaṁyukta nennt, heisst in den Prât. abhinidhâna, Ath. Prât. I, 48 hat auch den Namen âsthâpita. Taitt. Prât. und Vâj. Prât. haben keine derartige Bestimmung, um so ausführlicher ist aber Ath. Prât. I, 43—48, doch nennt I, 47 nur h statt y, v und h; ferner hat Ṛigv. Prât. VI, 5—8 die entsprechenden Bestimmungen. Unsere Regel fällt unter VI, 7, wo diese Lehre den Çákala's zugeschrieben wird. Vergl. auch M. Müller's Bermerkungen pag. CXVIII.

Phonetisch betrachtet ist die Regel die Ursache zu R. 17.

Raṅgaplutasvarûpam âha:

प्लुतोऽवर्णः पदान्तस्थो नासिक्यो रङ्गसंज्ञकः[1] ।

[1] M. S. °ज्ञिकः

padântastho 'varṇaḥ[1] pluto 'nunâsikaç cet sa raṅgasaṁjñò bhavatîty arthaḥ. raṅgaplutân udâharati[2]:

[1] M.S. °ṇaplu°. [2] °haratî.

श्लोकाँ४ सुमङ्गलाँ४ यद्धाँ४ उपहूताँ४ ममाँ४ प्लुताः ॥ ४६ ॥

yathâ: suçlok*âm̐*[4] sumaṅgal*âm̐*[4] (I, 8, 16, 2), yaddh*am̐*[4] ity apatat (?), upahût*âm̐*[4] ho ity âha (II, 6, 7, 3), yaço mam*âm̐*[4] (VII, 4, 20, 1).

46. Ein plutirtes a, welches am Ende eines Wortes steht und nasal ist, hat den Namen raṅga. çlok*âm̐*[4], sumaṅgal*âm̐*[4], yaddh*âm̐*[4], upahût*âm̐*[4] und mam*âm̐*[4] sind (raṅga-)pluta.

Von dieser ganzen raṅga-Lehre haben die Prât. nichts. Nur Ṛigv. Prât. I, 17 bemerkt, dass ein anunâsika auch den Namen rakta habe. Eine klare Definition des raṅga giebt nur unsere Çikshâ und die V. Ç., die übrigen haben nur Ausspracheregeln. V. Ç. fol. 109[b], 5—7 giebt die Definition folgendermassen:

akâro 'ntaḥ pluto yaç ced anunâsika ucyate
amatradhvanitulyaç ca râṅgasaṁjña itîryate.

Die Bezeichnung des raṅga geschieht hier und in der V. Ç. durch das Zeichen ४ und den anusvâra über dem â, offenbar mit Andeutung der mâtrâ-Messung (s. R. 49). Die Ausgabe der Taitt. Saṁh. hat statt dessen das Zeichen 3.

Âraṇyakakâṭhake catvâro rañgadîrghâḥ santîty âha:

चत्वारः काठके रङ्गा दीर्घा ह्यारण्यके विदुः ।

rañgadîrghân udâharati:

दीर्घांस्तां३ इमि देवां३ स्वां३ अहं[1] ममृवां३ अवाह्वाः॥४७॥

[1] M.S. °हमम्°

yathâ: nidhanveva *tâm̐*^{3} imi.(?) devâ*m̐*^{3} upa prait. svâ*m̐*^{3} aham. rayiṁ na kaçcin mamṛivâ*m̐*^{3} avâhâḥ (Ṛigv. I, 116, 3).

[1] M.S. °ṇyakâṭh°.

47. In dem Kâṭhaka Âraṇyaka, weiss man, befinden sich vier rañgadîrgha, diese langen (rañga) sind *tâm̐*^{3}, devâ*m̐*^{3}, svâ*m̐*^{3}, mamṛivâ*m̐*^{3}.

Die rañgadîrgha sind finale und nicht plutirte â, die trotzdem als rañga gesprochen werden. V. Ç. fol. 2b, 4 unterscheidet dem entsprechend auch zwei rañga beim Alphabet. Y. Ç. I, 59 giebt noch die Vorschrift, dass beim Vortrage der rañga durch Ausstrecken des Zeigefingers bezeichnet werden soll. In der Darstellung dieses rañgadîrgha weichen die M.S.S. ab. Unsere Çikshâ giebt einigemale das Zeichen ३ und dann wieder २ (zweimal aus ३ corrigirt). Ob hier ein Unterschied besteht, weiss ich nicht, ich habe deshalb durchweg ३ gesetzt. Die V. Ç. bezeichnet diesen rañga gar nicht. Das Beisp. tâm̐ imi kann natürlich so nicht richtig sein.

Kâṁsyadhvanivad rañgapluto vaktavya ity âha:

कांस्यध्वनिसमं रङ्गं हृदयादुत्थितं भवेत् ।

spashṭam. punar api rañgoccâraṇe dṛishṭântam âha:

यथा सौराष्ट्रिका नारी तक्रां४ इत्यभिभाषते ।
एवं रङ्गाः प्रयोक्तव्याः खे अरां४ इव खेदया ॥४८॥

saurâshṭradeça utpannâ strî takravikrayaṇârthaṁ yathâ ta-krâ*m̐*^{4} iti kâṁsyadhvanisamaṁ bhâshata evaṁ vede 'pi rañgâḥ prayoktavyâḥ. veda udâhṛitya darçayati: khe arâṁ[4] iva khedayâ iti. (Ṛigv. VIII, 66, 3.)

48. Wie der Ton eines Messinggefässes soll der rañga sein, indem er aus der Brust hervorgeht. Wie eine Frau aus Surâshṭra takrâṁ[4] ruft, so sind die rañga auszusprechen, z. B. khe arâṁ[4] iva khedayâ.

Den Vergleich im ersten Verse mit einer Messingschale haben auch die übrigen Çikshâ's, mehr oder minder unter einander übereinstimmend. Ç. S. fol. 13^b, 3—4 bringt denselben Vers, nur mit Umstellung der Worte und fügt dann noch den Vers hinzu, der vielleicht in unserer Çikshâ ausgelassen ist:

mṛidus tatra dvimâtreṇa jaghanvâṁ iti darçanam.

Einen ähnlichen Vergleich hat ausserdem V. Ç. fol. 109^b, 5—7 und fast ganz wörtlich stimmen unter einander überein N. Ç. II, 4, 8, M. Ç. X, 10, Y. Ç. fol. 15^a, 3—4 und C. Ç. fol. 9^b, 5:

nâsâd utpadyate (N. Ç. und C. Ç. hṛidayâd uttishṭhate resp. jâyate) rañgaḥ kâṁsyena samaniḥsvanaḥ
mṛiduç caiva dvimâtraḥ syâd vṛishṭimâṁ iti darçanam. (N. Ç. und C. Ç. dadhanvâṁ).

Etwas abweichend hiervon ist der Vers Pâṇ. Ç. R. 29.

Die nämliche Vorschrift über die Aussprache des rañga, die Pân. Ç. R. 27 gegeben wird, findet sich mit kleinen Abweichungen auch Ç. S. fol. 13^b, 2—3 und Y. Ç. fol. 14^b, 5—6:

rañgavarṇân prayuñjîta (Ç. S. ^{0}rṇâḥ prayuñjîyâḥ [!]) no graset pûrvam aksharam.
dîrghasvaraṁ prayuñjîta (Ç. S. prayuñjîyât) paçcân nâsikyam âcaret.

Danach hat man also beim rañga zunächst einen blossen langen Vocal zu sprechen, dann folgt ein heller nasaler Ton, ähnlich dem Klange, den ein Schlag auf eine Messingschale hervorbringt, und dieser verklingt allmählich, indem er zwei mâtrâ lang sanfter und sanfter wird.

Der folgende çloka ist der von Weber vielbesprochene. Seine beiden Auffassungen desselben s. Ind. Stud. 4. Bd. pag. 269 f. und 9. Bd. pag. 380, vergl. auch Pratijñâs pag. 73 und Kielhorn, Remarks etc. pag. 5 f. Note. Der Vers scheint Eigentum fast sämmtlicher Çikshâ's zu sein: ausser Pâṇ. Ç. Y. 6 findet er sich noch Ç. S. fol. 13b, 7—8, Y. Ç. fol. 14b, 7 und M. Ç. X, 9. Die letzteren beiden haben statt takrâṁ arâṁ, nach der Erklärung unseres Comment. dürfte wohl das erstere vorzuziehen sein. Auch lesen diese beiden statt des Beispiels am Schluss: ṅakâraḥ parivarjitaḥ, danach soll also der Ton des raṅga nicht ein gewöhnlicher gutturaler Nasal sein. N. Ç. II, 4, 9 schreibt den Vergleich mit der Frau aus Surâshṭra dem Nârada zu.

Raṅgaplutasya mâtrânirṇayam âha:

रङ्गप्लुतश्चतुर्मात्र इति वेदविदो विदुः ॥

spashṭam.

49. Der raṅgapluta misst vier mâtrâ, so wissen es die Vedakundigen.

Mit dieser mâtrâ-Bestimmung für den raṅga steht unsere Çikshâ allein. Nur die V. Ç. scheint sie ebenfalls angenommen zu haben, wie man aus der Bezeichnung ८ schliessen kann. Und doch ist das Mass von 4 mâtrâ weit natürlicher als das von 2 mâtrâ, welches Pân. Ç. R. 28 und ähnlich C. Ç. fol. 9b, 6—7 vorschreiben. Letztere nimmt 2¼ mâtrâ an, wenn der Text so richtig ist: 1 m. in der Brust, ¼ m. am Gaumen und 1 m. (anûnâ mâtrâ!) in der Nase. Ç. S. fol. 13b, 6—7 ist allgemeiner: 1 m. in der Brust, ½ m. am Gaumen und der Rest in der Nase. Wie gross ist nun der Rest? da doch allein der plutirte Vocal 3 m. misst, so kann ich mir diese Bestimmung nicht anders erklären, als dass hier unter raṅga nur der nasale Nachklang des plutirten â zu verstehen ist, wozu ja auch die Angaben sehr gut passen, dass erst ein langer Vocal (2 m.) gesprochen werden soll, dann ein sanfter Ton 2 m. lang (s. die unter R. 48 citirten Verse der verschiedenen Çikshâ's), zusammen also 4 mâtrâ.

Çikshâprâtiçâkhyayor virodhe sati çîkshaiva durbalety âha:

शीक्षा च प्राति[1]शाख्यं च विरुध्येते परस्परम् ।
शीक्षैव दुर्बलेत्याहुः[2] सिंहस्यैव मृगी यथा ॥ ४९ ॥

[1] M.S. °दिशा° [2] °याहु सिं°

spashṭam.

Sind Çikshâ und Prâtiçâkhya im Widerspruche mit einander, so ist die Çikshâ die schwächere, sagt man, wie die Hirschkuh dem Löwen gegenüber.

Dieser Vers, der hier ohne jeden Zusammenhang steht, findet sich wörtlich Ç. S. fol. 12ᵃ, 2—3, nur mit der besseren Construction virudhyete mitho yadi. Solche Verse sind bezeichnend für das Autoritäts- und damit wohl auch für das Zeit-Verhältniss von Prâtiçâkhya und Çikshâ.

Corrigenda.

Pag. VI, Z 2 statt Ganeça lies Gaṇeça.
„ X, „ 7 „ jungdhvam lies yungdhvam.
„ XV, „ 7 ergänze ein — hinter „94 und 97".
„ » „ 24 ist die Klammer hinter „pag. 31" zu schliessen statt hinter „ebenso beschrieben".

Vita.

Natus sum A. Otto Franke d. XXVII. mensis Septembris anno MDCCCLXIII patre Friderico, matre Henrietta e gente Ziegler, quos superstites esse adhuc laetor. Gernrode, quae parva urbs Anhaltina sub jugo Hercyniae sita est. Fidei addictus sum Evangelicae. Primis litterarum elementis imbutus anno MDCCCLXXIV gymnasio Quedlinburgensi, tunc Servestano Francisceo quod vocatur susceptus sum. Anno MDCCCLXXXII maturitatis testimonio instructus studio historiarum et philosophiae, tum litterarum Sanscriticarum et artis linguas Indogermanicas quae vocantur inter se comparandi me dedi per quattuor annos in universitatibus Friburgensi, Berolinensi, Gottingensi. Audivi lectiones virorum doctissimorum v. Holst, Windelband, Paul, Wattenbach, Droysen, Delbrück, Dilthey, Paulsen, Schmidt, Vahlen, v. Kluckhohn, v. Wilamowitz-Moellendorff, Kielhorn, Fick, Bechtel.

Omnibus quos nominavi viris doctissimis, inprimis professoribus F. Kielhorn, F. Bechtel, A. Fick, qui studiorum meorum adjutores fuerunt, gratias et ago et habebo quam maximas.